写给青少年的民法典学习书

施佩 / 编著

法律出版社 | LAW PRESS
北京

图书在版编目(CIP)数据

写给青少年的民法典学习书 / 施佩编著. -- 北京 : 法律出版社, 2023(2025.11 重印)
ISBN 978-7-5197-7620-6

Ⅰ. ①写… Ⅱ. ①施… Ⅲ. ①民法-法典-中国-青少年读物 Ⅳ. ①D923.04

中国国家版本馆 CIP 数据核字(2023)第 045355 号

写给青少年的民法典学习书
XIEGEI QINGSHAONIAN DE MINFADIAN XUEXI SHU

施 佩 编著

策划编辑 冯雨春 李 军
责任编辑 冯雨春 李 军
装帧设计 鲍龙卉

出版发行 法律出版社
编辑统筹 法律应用出版分社
责任校对 李慧艳
责任印制 刘晓伟
经　　销 新华书店

开本 880 毫米×1230 毫米 1/24
印张 8.25 **字数** 180 千
版本 2023 年 7 月第 1 版
印次 2025 年 11 月第 5 次印刷
印刷 天津嘉恒印务有限公司

地址:北京市丰台区莲花池西里 7 号(100073)
网址:www.lawpress.com.cn
投稿邮箱:info@lawpress.com.cn
举报盗版邮箱:jbwq@lawpress.com.cn

销售电话:010-83938349
客服电话:010-83938350
咨询电话:010-63939796

书号:ISBN 978-7-5197-7620-6
定价:32.00 元

凡购买本社图书,如有印装错误,我社负责退换。电话:010-83938349

目录

第一单元

总则编 001
第一节 走进“社会生活的百科全书” 002
第二节 胎儿能继承遗产、接受赠与吗？ 013
第三节 8周岁孩子可以“打酱油”吗？ 020
第四节 网络虚拟财产受法律保护吗？ 027
第五节 老奶奶摔倒了扶不扶？ 034

第二单元

物权编 040
第一节 这种情况下物业费应该交吗？ 041

第二节 居民小区的电梯坏了、屋顶漏水了，如何维修？ 048
第三节 小区共有场所收入归谁所有？ 054

第三单元

合同编 060
第一节 支付宝上钱转错了怎么办？ 061
第二节 如何依法处理好借贷关系？ 069
第三节 遇到旅客霸座怎么办？ 077

第四单元

人格权编 083
第一节 被他人冒名顶替（上学、上班）怎么办？ 084
第二节 名誉权被侵犯了怎么办？ 093
第三节 肖像权被侵犯了怎么办？ 101
第四节 哪些信息属于法律保护的个人信息？ 108

第五单元

婚姻家庭编 …… 115
第一节　抚养、教育子女，夫妻双方是否享有平等的权利和义务？ 116
第二节　离婚时如何确定子女抚养权的归属？ 124

第六单元

继承编 …… 133
第一节　侄子、外甥也有继承权吗？ 134
第二节　父债需要子偿吗？ 141

第七单元

侵权责任编 …… 148
第一节　高空抛物致人损害，谁来担责？ 149
第二节　被邻居弃养的狗咬伤了，谁来赔偿？ 158

第三节　搭乘顺风车出事了怎么办？　165
第四节　孩子在学校打球受伤了，谁担责？　171
第五节　破坏生态环境应承担什么责任？　178
第六节　如何应对“医闹”？　185

后　记　191

第一单元 总 则 编

《民法典》第一编“总则”规定民事活动必须遵循的基本原则和一般性规则，统领民法典各分编。

在学习的过程中，你能更好地体会到《民法典》将“弘扬社会主义核心价值观”作为一项重要立法目的以及所确立的平等、自愿、公平、诚信、绿色、守法和公序良俗等基本原则。

◆ 八年级一班 周佳崟

第一节 走进“社会生活的百科全书”

Part 1 看一看

2020 年 5 月 28 日，第十三届全国人民代表大会第三次会议审议通过了《中华人民共和国民法典》，这是我国特色社会主义法治体系建设进程中具有划时代意义的大事，是我国新时代社会主义法治建设的重大成果。

◆ 八年级一班 周佳崟

编纂民法典是党的十八届四中全会确定的一项重大政治任务和立法任务，是以习近平同志为核心的党中央作出的重大法治建设部署。《民法典》被称为“社会生活的百科全书”，是新中国第一部以法典命名的法律，开创了我国法典编纂立法的先河，是民事权利的宣言书和保障书。如果说《宪法》重在限制公权力，那么《民法典》就重在保护私权利，几乎所有的民事活动——大到合同签订、公司设立，小到交纳物业费、离婚——都能在《民法典》中找到依据，它的编纂与实施具有里程碑意义。

《民法典》的颁布对完善中国特色社会主义法治体系、推进国家治理体系和治理能力现代化、推进全面依法治国、切实维护好最广大人民的根本利益、促进社会公平正义具有重要意义。

Part2 想一想

1. 《民法典》从何时开始正式施行？
2. 学习《民法典》对我们中学生来说有哪些意义和作用？

Part3 亮一亮

《中华人民共和国民法典》

第 1 条 为了保护民事主体的合法权益，调整民事关系，维护社会和经济秩序，适应中国特色社会主义发展要求，弘扬社会主义核心价值观，根据宪法，制定本法。

第 2 条 民法调整平等主体的自然人、法人和非法人组织之间的人身关系和财产关系。

第 3 条 民事主体的人身权利、财产权利以及其他合法权益受法律保护，任何组织或者个人不得侵犯。

第 4 条 民事主体在民事活动中的法律地位一律平等。

第 5 条 民事主体从事民事活动，应当遵循自愿原则，按照自己的意思设立、变更、终止民事法律关系。

第 6 条 民事主体从事民事活动，应当遵循公平原则，合理确定各方的权利和义务。

第 7 条 民事主体从事民事活动，应当遵循诚信原则，秉持诚实，恪守承诺。

第 8 条 民事主体从事民事活动，不得违反法律，不得违背公序良俗。

第 9 条 民事主体从事民事活动，应当有利于节约资源、保护生态环境。

第 10 条 处理民事纠纷，应当依照法律；法律没有规定的，可以适用习惯，但是不得违背公序良俗。

第 11 条 其他法律对民事关系有特别规定的，依照其规定。

第 12 条 中华人民共和国领域内的民事活动，适用中华人民共和国法律。法律另有规定的，依照其规定。

Part 4 讲一讲

一、深入回顾《民法典》的编纂历史

作为中国特色社会主义法律体系的重要支柱，《民法典》覆盖人们衣食住行、生老病死、生产经营的方方面面。从 1954 年首次起草民法典算起，中国的民法典编纂之路已经走了整整 66 年。

【1954 年】启动民法制定工作，因历史原因中断。

【1962 年】再次启动民法制定工作，因历史原因中断。

【1979 年】民法制定工作第三次启动，确定先制定民事单行法。《继承法》《民法通则》《担保法》《合同法》[①] 就是在这种背景下制定的。

【1986 年】通过《民法通则》，这是我国民事立法发展史上的一个里程碑，其所确立的体系与制度为《民法典》体系的构建奠定了坚实基础。

【2002 年】第九届全国人民代表大会常务委员会第三十一次会议审议民法草案，经讨论，仍确定继续采取分别制定单行法的办法。

【2015 年】民法典编纂正式启动，由全国人民代表大会常务委员会法制工作

① 本书所述《婚姻法》《继承法》《民法通则》《收养法》《担保法》《合同法》《物权法》《侵权责任法》《民法总则》均已失效，下文不再赘述。

◆ 八年级一班　周佳崟

委员会牵头五家单位共同参与民法典编纂工作。

【2016 年】《民法总则（草案）》首次提请全国人民代表大会常务委员会审议，标志着民法典编纂工作正式进入立法程序。

【2017 年】第十二届全国人民代表大会第五次会议通过了《民法总则》，于 2017 年 10 月 1 日正式实施，民法典的编纂迈出关键的第一步。

【2018 年】第十三届全国人民代表大会常务委员会第五次会议对民法典各分编草案进行了初次审议，民法典编纂迈出了第二步。此后全国人民代表大会常务委员会对各分编草案进行了拆分审议，各分编草案均已进行两次审议，其中，人格权编、婚姻家庭编、侵权责任编三个分编草案进行三次审议。

【2019 年】《民法典（草案）》全文公布。

【2020 年】第十三届全国人民代表大会第三次会议表决通过了《民法典》。

【2021 年】《民法典》自 2021 年 1 月 1 日起施行。

编纂民法典不是制定全新的民事法律，也不是简单的法律汇编，而是对现行的民事法律规范进行编订纂修，对已经不适应现实情况的规定进行修改完善，对经济社会生活中出现的新情况、新问题作出有针对性的新规定。《民法典》施行后，《婚姻法》《继承法》《民法通则》《收养法》《担保法》《合同法》《物权法》《侵权责任法》《民法总则》同时废止。

【小　贴　士】

国际上把民法典作为一个国家法治文明的象征。当这个国家发展到一定程度时，就需要有一个“一定之规”。民法典实际上是“一定之规”中最基础的一个规定。从国家治理的角度来讲，民法典发挥的作用是很大的。——孙宪忠（第十四届全国人民代表大会常务委员会委员、宪法和法律委员会委员，中国社会科学院学部委员）

二、全面了解《民法典》的组成内容

《民法典》分为总则编、物权编、合同编、人格权编、婚姻家庭编、继承编、侵权责任编以及附则，共 84 章，1260 个条文，总计 10 万余字。这也是中华人民共和国成立以来条文字数最多的一部法律。

【总则编】

总则编规定了民事活动必须遵循的基本原则和一般性规则，统领《民法典》各分编。其中，将“弘扬社会主义核心价值观”作为一项重要立法目的，确立了平等、自愿、公平、诚信、绿色、守法和公序良俗等民法基本原则。

【物权编】

物权是民事主体依法享有的重要财产权。物权法律制度调整因物的归属和利用而产生的民事关系，是最重要的民事基本制度之一。例如，《民法典》加强了对建筑物业主权利的保护，适当降低业主作出决议的门槛，明确共有部分产生的收益属于业主共有，明确地方政府有关部门、居民委员会应当对设立业主大会和选举业主委员会给予指导和协助。

【合同编】

合同制度是市场经济的基本法律制度。《民法典》强调了依法成立的合同受法律保护，同时，完善了国家订货合同制度以及情势变更制度等。

【人格权编】

人格权是民事主体对其特定的人格利益享有的权利，关系每个人的人格尊严，是民事主体最基本的权利。如《民法典》规定机关、企业、学校等单位有防止和制止性骚扰的义务，规定人格权不得放弃、转让或者继承，规定对死者人格利益的保护等。

◆ 八年级一班　施沐函

【婚姻家庭编】

婚姻家庭制度是规范夫妻关系和家庭关系的基本准则。《民法典》规定了“婚姻家庭受国家保护”，并将“树立优良家风，弘扬家庭美德，重视家庭文明建设”入法。

【继承编】

继承制度是关于自然人死亡后财产传承的基本制度。《民法典》增加规定相互有继承关系的数人在同一事件中死亡且难以确定死亡时间的继承规则；完善代位继承制度，即侄女、侄子、外甥、外甥女可以代位继承；修改遗嘱效力规则，删除《继承法》中关于公证遗嘱效力优先的规定。

【侵权责任编】

侵权责任是民事主体侵害他人权益应当承担的法律后果。在《民法典》中确立了自甘风险规则，规定自助行为制度，并将营养费、住院伙食补助费明确列为人身损害赔偿项目。

三、从幼年到老年，《民法典》这样守护你

【9 岁】孩子玩游戏充值花了不少钱，父母生气——父母可以要求平台返还。因为《民法典》规定：8 周岁以上的未成年人为限制民事行为能力人，实施民事法律行为由其法定代理人代理或者经其法定代理人同意、追认。

【14 岁】被行为不端的老师性骚扰，想举报却怕被报复——可以求助学校，举报骚扰者。因为《民法典》规定：违背他人意愿，以言语、行为等方式对他人实施性骚扰的，受害人有权依法请求行为人承担民事责任。

【18 岁】第一次独自出远门，乘坐高铁时却遭霸座——可以向霸座者说不！因为《民法典》规定：旅客应当按照有效客票记载的时间、班次和座位号乘坐。旅客无票乘坐、超程乘坐、越级乘坐或者持不符合减价条件的优惠客票乘坐的，应当补交票款，承运人可以按照规定加收票款；旅客不支付票款的，承运人可

以拒绝运输。

【22 岁】发现一个小孩身体卡在栏杆中，想施救又怕伤到小孩从而承担责任——见义勇为的救助人不承担民事责任。因为《民法典》规定：因自愿实施紧急救助行为造成受助人损害的，救助人不承担民事责任。

【26 岁】手机总接到推销电话和垃圾信息——可以通过法律途径，抵制“信息轰炸”。因为《民法典》规定：自然人享有隐私权。任何组织或者个人不得以刺探、侵扰、泄露、公开等方式侵害他人的隐私权。

【30 岁】承租的房子还没到租期，房东却要把房子卖了，要求承租人限期搬走——可以依法维权，安心住到合同到期。因为《民法典》规定：出租人应当按照约定将租赁物交付承租人，并在租赁期限内保持租赁物符合约定的用途。

【38 岁】被高空坠落的花盆砸伤——如果找到抛掷者，可以依法要求赔偿；如果找不到抛掷者，可以要求可能加害的建筑物使用人（能证明自己不是侵权人的除外）给予补偿。因为《民法典》规定：禁止从建筑物中抛掷物品。从建筑物中抛掷物品或者从建筑物上坠落的物品造成他人损害的，由侵权人依法承担侵权责任；经调查难以确定具体侵权人的，除能够证明自己不是侵权人外，由可能加害的建筑物使用人给予补偿。可能加害的建筑物使用人补偿后，有权向侵权人追偿。

【44 岁】孩子在小区里玩的时候，被宠物狗咬伤——可以要求宠物主人担责并赔偿，但需根据具体情况认定责任。因为《民法典》规定：（1）饲养的动物造成他人损害的，动物饲养人或者管理人应当承担侵权责任；但是，能够证明

损害是因被侵权人故意或者重大过失造成的，可以不承担或者减轻责任。(2）违反管理规定，未对动物采取安全措施造成他人损害的，动物饲养人或者管理人应当承担侵权责任。

【75 岁】你录制了一份视频遗嘱，想要视频遗嘱具有法律效应——可以邀请两个见证人在场见证，你和见证人在录像中记录姓名、肖像以及日期。因为《民法典》规定：以录音录像形式立的遗嘱，应当有两个以上见证人在场见证。遗嘱人和见证人应当在录音录像中记录其姓名或者肖像，以及年、月、日。

2020 年 6 月出版的第 12 期《求是》杂志中发表了中共中央总书记、国家主席、中央军委主席习近平的重要文章《充分认识颁布实施民法典重大意义 依法更好保障人民合法权益》，强调了《民法典》在中国特色社会主义法律体系中具有重要地位，是一部固根本、稳预期、利长远的基础性法律，对推进全面依法治国、加快建设社会主义法治国家，对发展社会主义市场经济、巩固社会主义基本经济制度，对坚持以人民为中心的发展思想、依法维护人民权益、推动我国人权事业发展，对推进国家治理体系和治理能力现代化，都具有重大意义。作为一名新时代的初中生，我们更应该认真学习《民法典》，学会运用法律知识来解决生活中的矛盾和问题，运用法治思维辩证地认识生活中的人和事，做一名知法、守法、用法、护法的合格公民！

Part 5 试一试

《民法典》已经正式施行。同学们可以在正式开展《民法典》的学习之前，进行一次“《民法典》知多少”的小调查，进一步了解身边的同学、朋友、家长、亲戚等对《民法典》是否真正了解，并将收集的数据和资料汇总后，形成调查微报告。建议从以下几方面开展小调查：

（1）《民法典》的知晓率；

（2）《民法典》的重要意义；

（3）《民法典》的主要内容；

（4）《民法典》的新增内容；

……

相信在接下来的学习中，你一定能更好地了解《民法典》，做一名勇敢、正直、善良的法律小卫士！

（执笔人：乔晓熙）

第二节 胎儿能继承遗产、接受赠与吗?

Part 1 看一看

2015 年 6 月 16 日，杨某（男）和吴某（女）结为夫妻，感情尚好，很快吴某便有了身孕。2016 年 4 月，吴某怀孕已有 7 个月，杨某却在一次交通事故中不幸身亡。杨某去世时，其名下有个人婚前房屋一套、存款 48 万元。在处理杨某上述遗产时，吴某认为，应当保留腹中胎儿的继承份额；而杨父、杨母则认为，吴某腹中的胎儿尚未出生，无须为胎儿保留继承份额。

◆ 八年级一班　施沐函

Part 2 想一想

吴某感到非常委屈，自己腹中的胎儿明明是丈夫的骨肉，却因为没有出生就被认为其没有继承份额。她不知道该向谁寻求帮助，于是向身边的两位闺蜜求助。

闺蜜小陈认为：腹中的胎儿既然是杨某的孩子，那肯定可以为胎儿保留继承份额，你要据理力争，不能替孩子作放弃的决定。

闺蜜小王认为：孩子毕竟没有出生，不保留继承份额也是可以理解的，但你怀着孩子，他们总会多照顾你一点吧。

你认为谁的说法正确呢？

Part 3 亮一亮

《中华人民共和国民法典》

第 16 条 涉及遗产继承、接受赠与等胎儿利益保护的，胎儿视为具有民事权利能力。但是，胎儿娩出时为死体的，其民事权利能力自始不存在。

第 1155 条 遗产分割时，应该保留胎儿的继承份额。胎儿娩出时是死体的，保留的份额按照法定继承办理。

Part 4 讲一讲

继承制度是关于自然人死亡后财产传承的基本制度。1985 年，第六届全国人民代表大会第三次会议通过了《继承法》。随着人们生活水平的不断提高，个人和家庭拥有的财产日益增多，继承引发的纠纷也越来越多。根据我国社会家庭结构、继承观念等方面的发展变化，《民法典》继承编在《继承法》的基础上，修改完善了继承制度，以满足人们处理遗产的现实需要。继承编共 4 章 45 条，下文主要介绍一下《民法典》继承编对我国继承法律制度的完善。

一、适当扩大法定继承人的范围

《继承法》第 11 条规定，被继承人的子女先于被继承人死亡的，由被继承人的子女的晚辈直系血亲代位继承。在这一规定的基础上，《民法典》继承编第 1128 条第 2 款增加规定："被继承人的兄弟姐妹先于被继承人死亡的，由被继承人的兄弟姐妹的子女代位继承。"

在《民法典》编纂过程中，一些学者认为，《继承法》规定的法定继承人范围过窄，加之国家多年实行计划生育政策，导致遗产无人继承的情况时有发生。建议将叔伯姑舅姨、堂表兄弟姐妹、侄子侄女外甥外甥女等三代旁系血亲纳入法定继承人的范围。经研究，立法机关在吸收这一意见的同时，认为应当顺应财产向下流传的社会传统习惯，避免引发过多纠纷。最终通过增加规定兄弟姐妹的子女代位继承的方式，将法定继承人的范围适当扩大到三代旁系血亲。

二、取消公证遗嘱的优先效力

《继承法》第 20 条规定，立有数份遗嘱，内容相抵触的，以最后的遗嘱为准。自书、代书、录音、口头遗嘱，不得撤销、变更公证遗嘱。

◆ 八年级一班　施沐函

不少学者提出，规定公证遗嘱在各种遗嘱方式中具有优先效力不妥。遗嘱人立有数份遗嘱，内容相抵触，不看设立遗嘱的时间先后，而是认为公证遗嘱具有最高效力，并且任何形式的遗嘱都不能变更、撤销公证遗嘱，就有可能将不代表遗嘱人真实意思的公证遗嘱的效力绝对化。其后果是，一旦遗嘱人在设立公证遗嘱之后，想变更遗嘱或者撤回遗嘱，都必须通过公证遗嘱的方式才能实现。如果临终之前，遗嘱人想要撤回或者变更以前的公证遗嘱，又不能及时作出新的公证遗嘱，遗嘱人的真实意思表示就无法实现，实现的却是不代表其真实意思的公证遗嘱所表达的内容。

经研究，《民法典》继承编吸收这一意见，保留“立有数份遗嘱，内容相抵触的，以最后的遗嘱为准”的规定，删去了公证遗嘱效力优先的内容。

三、完善遗产处理制度

在《继承法》的基础上，《民法典》继承编第 4 章“遗产的处理”进一步完善了有关遗产处理的制度：一是增加遗产管理人制度。为确保遗产得到妥善管理、顺利分割，更好地维护继承人、债权人利益，增加规定了遗产管理人制度，明确了遗产管理人的产生方式、职责和权利等内容。二是完善遗赠扶养协议制度，明确继承人以外的组织或者个人均可以成为扶养人，以满足养老形式多样化需求。三是完善无人继承遗产的归属制度，明确归国家所有的无人继承遗产应当用于公益事业。

《民法典》设立了胎儿利益特别保护制度，规定涉及遗产继承时，胎儿视为具有民事权利能力。胎儿是被继承人未出生的子女，为其保留的遗产份额应当与已出生的子女相当，如果遗产分割时没有为胎儿保留必要的份额，就要从各继承人已经继承的份额中扣回。父母没有结婚的，对胎儿保留的继承份额不产生影响。但胎儿出生时为死体的，其民事权利能力自始不存在。

◆ 八年级一班　施沐函

《民法典》从源头赋予胎儿民事权利能力，对自然人的关怀延伸至胎儿，其实质是对生命的尊重。

生老病死是任何人都无法抗拒的自然规律。人一旦死亡，继承问题就会随之而来。近年来，因财产继承问题而发生的纠纷、诉讼呈现与日俱增的趋势，房产继承更成为继承纠纷、诉讼的多发领域，而纠纷、诉讼的类型、原因多种多样，不一而足。

财产继承纠纷、诉讼的多发、频发和不断增长，一方面，反映个人拥有的私有财产逐渐增多，尤其是房产价值的增加，一些人心理失去平衡，埋下了冲突隐患；另一方面，在继承相关法律制度的宣传普及上还需要进一步加强，使其为更多人了解和掌握。

【小 贴 士】

1. 继承的顺位是什么呢？

依据我国《民法典》的规定，继承有两个顺位：第一顺位是配偶、子女、父母；第二顺位是兄弟姐妹、祖父母、外祖父母。

2. 继承纠纷的解决途径有哪些呢？

协商解决、调解解决与诉讼解决三种解决方式。

3. 无论什么情况，我们一定要记住：亲情比财产重要，不要因为一时的冲动或者贪财，伤害了可贵的亲情。家人和和睦睦，比什么都重要。

Part 5 试一试

甲、乙是夫妻，甲的父亲和母亲均在世，甲因车祸不幸去世，甲去世时妻子乙已经怀有身孕，经法院认定，甲的个人遗产有100万元。若出现以下三种情况，胎儿的继承份额该如何划分？

（1）胎儿出生以后健康成长；

（2）胎儿出生时为死胎；

（3）胎儿出生后过段时间死亡了。

请同学们根据《民法典》的相关规定讨论一下。

（执笔人：倪 婕）

第三节 8周岁孩子可以“打酱油”吗?

Part 1 看一看

2021年10月21日，河北省廊坊市一未成年男孩到超市买烟，不料遭遇老板的“灵魂拷问”。网传视频显示，老板在拿烟的时候，觉得有些异常，于是回头又看了一眼男孩，开口询问他是给谁买的，男孩愣了一下谎称是给叔叔买的，老板又板着脸几番“灵魂拷问”：给谁买？给叔叔买，你成年了吗？叔叔在外面吗？叔叔在哪个厂子？你给他打电话，你没他电话，那让叔叔自己买吧……寥寥几句，就把这位想要买烟的未成年男孩吓退了。

◆ 八年级四班 陈芸淏

俗话说，七八岁的伢可以打酱油，一般被看作“小大人”，意思是说这个年龄的孩子可以帮家里做事了。那么，针对满 8 周岁的孩子在法律上是怎么规定的？《民法典》又是如何对未成年人进行保护的？

Part 2 想一想

随着孩子年龄的增长，未成年人独自外出购物消费已不再局限于购买学习用品、日常生活用品等商品，购买烟酒的现象也时常出现。

小陈同学认为：这是自己的零花钱，我们可以随意选购自己喜欢的物品。

小张同学认为：我代替父母购买烟酒，难道不可以吗？

你的见解是什么？

Part 3 亮一亮

《中华人民共和国民法典》

第 19 条 八周岁以上的未成年人为限制民事行为能力人，实施民事法律行为由其法定代理人代理或者经其法定代理人同意、追认；但是，可以独立实施纯获利益的民事法律行为或者与其年龄、智力相适应的民事法律行为。

第 20 条 不满八周岁的未成年人为无民事行为能力人，由其法定代理人代理实施民事法律行为。

Part 4 讲一讲

《民法典》第 17 条规定，不满 18 周岁的自然人为未成年人。根据《民法典》第 19、20 条，8 周岁是重要的年龄分界线，不满 8 周岁的未成年人为无民事行为能力人，8 周岁以上的未成年人为限制民事行为能力人，其消费行为超出能力范围以外，需要父母或监护人的同意或追认。接下来，让我们一起学习几个未成年人“花钱”的真实案例。

一、购买玩具受伤怎么办？

2018 年 10 月 28 日下午，9 岁的小天（化名）在校门口的商店花 5 毛钱抽奖抽中一把玩具枪。随后，他将装有子弹的玩具枪放进书包。上数学课时，经不住玩具枪的诱惑，小天把手伸进书包里玩枪。没想到，玩具枪子弹在书包里突然爆炸，小天的左手和小臂被烧伤，起了好几个水泡。据查，玩具枪上没有任何商标和安全标识。事故发生后，小天的父母找到商店要求赔偿。

依据法律规定，如果未成年人在与其年龄、智力相适应的范围内与经营者之间发生买卖合同关系，那么，未成年人可以依据《民法典》的相关规定，要求经营者承担违约责任。根据《消费者权益保护法》的规定，消费者购买、使用商品和接受服务时享有人身、财产安全不受损害的权利。一旦消费者的人身财产安全受到侵害，消费者有权依法要求厂家和销售商进行赔偿。

二、擅自购买大额商品能否退货？

许某平日喜欢网购。近日突然收到某电商送货上门的一台近万元的电视机，但许某表示自己近期并未在该电商平台上订购该商品。后来才知道，原来是自己读初中的儿子在网上订购的。许某的儿子平时看到许某在电脑上网购各种商品，熟悉了网购流程。一次在网上看到一款电视机广告，觉得特别适合自己打游戏，就瞒着家人用许某保存在电脑上的账号、密码擅自下了订单。

◆ 八年级四班 陈芸淏

许某认为，自己一没有购买电视机的意向，二没有在网上进行下单的操作，该商品是自己未成年的儿子下单订购的，儿子作为未满 18 周岁的限制民事行为能力人，不具有完全的民事行为能力，因此该合同应该是无效的，便拒绝接受这台电视机，并将电商告上法院。最终，法院判决该合同无效。

三、偷拿爸妈钱款上网玩游戏如何处置?

14 岁的中学生刘某是某中学初二学生，在学校不求上进，出入网吧沉迷于游戏，父母知道他的恶习，便严格控制他的经济来源。一天，他趁父母外出，将家里的5000 元现金偷走。一个多月后，刘某的父母发现 5000 元现金不见了，很快就怀疑是儿子所为，于是追问儿子有没有拿家里的钱。此时，5000 元钱都快被他挥霍光了，刘某害怕家长责备，便一再强调自己没有拿，其父亲便向公安机关报了案。

◆ 八年级四班　陈芸淏

律师认为，刘某偷拿自己家的财物或者近亲属的财物，一般不按犯罪处理；对确有追究刑事责任必要的，处罚时也应与在社会上作案的有所区别。刘某偷拿自家钱财达 5000 元，数额大，父母追问时又拒不承认，且把偷拿的钱用于挥霍，结合这些情节看，刘某确实突破了法律的底线。

年龄和社会角色决定了绝大多数未成年人为“纯消费者”，其日常开支需要家庭的资助，与他们受太多物质诱惑或玩心太重所导致的超额消费赤字存在巨大矛盾，这决定了未成年人实施侵犯财产犯罪的多发性。对在校未成年人来说，家庭的日常管教和学校经常性的普法教育尤为重要，尤其注意防止他们沉迷网络或结交不良青少年。

所以，8 周岁以上的未成年人可以从事与自己年龄、智力相适应的活动，比如，去超市购买价值较小的生活用品与学习用品等。但这并不意味着他们可以做任何事，譬如，花光自己甚至家人账户里的钱去打赏主播、私自拿家里大额的钱款购买网络游戏装备等，上述行为必须经过家长的同意或追认才能发生效力。

◆ 八年级四班　陈芸淏

【小　贴　士】

1. 应参加积极健康的业余活动，防范互联网风险，树立正确的消费观念。

2. 思维和行为符合社会认可的道德和法律规范，符合社会主义的生活准则。

3. 对自己不了解的现象与不理解的问题多与父母、老师沟通。

Part 5 试一试

一、选一选

下列不适合限制民事行为能力的未成年人单独从事的有（　　）。

A. 购买贵重物品

B. 将自己的贵重物品赠与或转让给他人

C. 签订合同

D. 出卖贵重物品

二、议一议

1. 未成年人除了消费受限制，还有哪些行为受限制？

2. 如果发现同伴行为超出未成年人的民事行为能力，你会如何开导他？

（执笔人：刘　慧）

第四节 网络虚拟财产受法律保护吗？

Part 1 看一看

一次偶然的机会，作为父母、同学、老师眼中的“别人家的孩子”的小明在同学电脑上玩起了一款网络游戏，竟一发不可收拾，每天上课脑袋里想着如何在游戏世界成为“高端玩家”，晚上回家第一件事情不是完成功课，而是打开电脑“开一局”。没过多久，他的成绩直线下降，因为睡眠不足，人也变得昏昏沉沉。而对他打击最大的是，有一天回到家打开游戏时，他发现自己几个月来在游戏里辛辛苦苦存储的金币、装备等都“不翼而飞”了。一看就是遇到了所谓的网络“盗号贼”，气得他情绪崩溃、一蹶不振。

◆ 八年级二班 曹莺

Part 2 想一想

小明心情“跌入谷底”时，马上与身边的两位好朋友交流。

小李同学说：游戏里的虚拟财产，无非程序里的代码，没了只能认栽。

小刚同学说：现在电信诈骗非常多，可以向公安机关报警，要求介入调查，说不定还能挽回一些损失。

你认为谁的说法正确呢？

Part 3 亮一亮

《中华人民共和国民法典》

第 127 条 法律对数据、网络虚拟财产的保护有规定的，依照其规定。

Part 4 讲一讲

一、认识网络虚拟财产

（一）网络虚拟财产的特点是什么？

1. 广义上的虚拟财产指的是包括电子邮件、网络账号等能为人所拥有和支配的具有财产价值的网络虚拟物。

◆ 八年级二班 曹莺

2. 狭义上的虚拟财产一般指网络游戏中存在的财物，包括游戏账号的等级、游戏货币、游戏人物、游戏技能等。

（二）网络虚拟财产包括哪些？

公民的财产既包括有形的，也包括无形的，网络虚拟财产应属于无形财产的一种。虚拟财产既可以从游戏开发商处直接购买，也可以从虚拟的货币交易市场上获得，因而，虚拟财产已经具有了一般商品的属性，其真实价值不言而喻。

从法律对财产的定义来看，虚拟财产也应得到保护。网络虚拟财产的获得

◆ 八年级二班 曹莺

往往经过持有者的个人劳动（练级）、真实财物付出（购买游戏卡）、市场交易（买卖装备）等，网络虚拟财产已经具备了真实财产的基本特性。

二、法律对虚拟财产的保护

我国第一起关于虚拟财产纠纷的案件是2003年网民李某晨投诉北极冰游戏公司一案。当时我国并未对虚拟财产的保护立法，因此，公安机关没有对网民李某晨的报案进行立案侦查。但当时北京市朝阳区人民法院根据我国《合同法》《消费者权益保护法》等关于消费者与服务者相关的法律规定，判定被告与玩家之间符合消费者与服务者的关系。被告北极冰游戏公司控制服务器数据，掌控所有玩家的情况，因此应对玩家的物品财产承担保障义务。

◆ 八年级二班 曹莺

在司法实践中，虚拟财产的价值已经逐渐被人们认可，随着网络虚拟货币市场规模不断扩大，为了更好地保护虚拟财产，促进虚拟产业的健康发展，我们更加迫切地需要完善对虚拟财产的立法，明确对虚拟财产的法律保护，《民法典》中对虚拟财产的保护应运而生。

三、青少年应主动预防网络沉迷

2021 年 8 月 30 日发布的《国家新闻出版署关于进一步严格管理切实防止未成年人沉迷网络游戏的通知》中严格限制向未成年人提供网络游戏服务的时间，所有网络游戏企业仅可在周五、周六、周日和法定节假日每日 20 时至 21 时向未成年人提供 1 小时网络游戏服务，其他时间均不得以任何形式向未成年人提供网络游戏服务。“防沉迷”规定的“横空出世”，正是由于沉迷网络世界不仅影响了青少年的身心健康，还深刻地影响了青少年的世界观、人生观、价值观等多方面领域。

（一）严重影响青少年的身体健康

大量案例已经证明，上网成瘾会严重影响青少年的身体健康，甚至出现个别青少年因通宵打游戏疲劳过度而猝死的极端事件。陶醉在网络游戏中的青少年往往深陷网吧不能自拔，劳心劳神。即便他们离开网络游戏，也常会出现头晕、眼花、食欲下降等各种症状。

（二）严重影响青少年的心理健康

心理学专家指出，沉迷于网络游戏的青少年由于长期缺乏社会沟通和人际交流，往往会把虚拟的网络世界当成现实生活，其思想和情感都会与现实生活脱节，在心理上则表现出自我封闭、自以为是等抑郁性神经症。这些青少年虽然能通过虚拟世界中的打拼、搏杀获得心理上的满足，但他们无法从中提高自己处理现实问题的能力。因此，沉迷网络游戏的人一旦回到实际生活中，往往会感到无所适从，以致他们在现实的困难面前总是选择逃避。

【小 贴 士】

根据《2020年全国未成年人互联网使用情况研究报告》，62.5%的未成年人网民经常在网上玩游戏，其中玩手机游戏的比例为56.4%。调研还发现，沉迷手机网络游戏的未成年人以男生居多，占比93%，最小的11岁，14~17岁占比最多。

在访谈调查中，家长们说得最多的词是“全天”“通宵”，专家统计梳理后得出结论：有65%的孩子每天打游戏超过10小时，其中有8%的孩子每天打游戏超过15个小时。

学校和家庭是青少年学习、生活最主要的两个场所，老师和家长与青少年学生相处时间最多，关系也最为密切。因此，老师和家长应义不容辞地发挥防范青少年上网成瘾的主力军作用。

（三）如何预防网络沉迷？

把手机放在离你学习或工作远一些的地方，不要放在触手可及的地方，并且学习与工作的时候把手机调成静音模式。在休息或者放松的时间，可以去健健身，跑跑步或者散散步，抑或做做瑜伽等，还可以养养花，或者培养其他兴趣爱好，这样就不会沉迷网络了。

无论你的网络好友和你的关系有多亲近，你要相信，陪在你左右的，是你觉得不刺激、不新鲜的身边人；照顾你饮食起居的，永远不会是网络里的那个人。与网络好友少些联系，多给自己和家人一些真实的温暖吧。

【小　贴　士】

全国青少年网络文明公约

要善于网上学习，不浏览不良信息。

要诚实友好交流，不辱骂欺诈他人。

要增强自护意识，不随意约会网友。

要维护网络安全，不破坏网络秩序。

要有益身心健康，不沉溺虚拟时空。

Part 5 试一试

请同学们开展一次“初中生健康上网”小调查，进一步了解广大青少年对手机、网络的一些想法、认识、行为、习惯等。通过收集和整理数据，详细分析后，每一调查小组形成一份研究报告，并将结果主动反馈给老师，协助老师更好地了解同学们的真实想法。

（执笔人：乔晓熙）

第五节 老奶奶摔倒了扶不扶?

Part 1 看一看

2019年3月，湖南11岁的小浩在上学路上，听到89岁高龄的唐某“帮忙推我过马路”的呼声，本着助人为乐的善心，小浩遂上前帮助唐某。由于路面有台阶，唐某不慎从轮椅上摔落受伤，住院21天。10月，唐某将11岁的小浩及其监护人诉至法院，索要各项损失共计17.8万元。

◆ 八年级二班 胡晴月

Part 2 想一想

小浩助人为乐却使人受伤的案件，引发了大家热议：助人本是美德，现在怎么还需要法律支持了？

乔同学表示：我老是看新闻，各地常有扶老人被讹事件，所以我是不敢扶的。

周同学表示：人不能怕事。有人倒在地上当然要扶。天冷地凉万一出现危险怎么办？再说助人是好事，我相信自有公道！

好心救助、见义勇为本是彰显社会正能量的善行美德，但在现实生活中，由于存在救人者事后反遭索赔、追责等情况，于是“扶不扶”“救不救”成为不少人心中的难题。请说说你的观点。

Part 3 亮一亮

《中华人民共和国民法典》

第 184 条 因自愿实施紧急救助行为造成受助人损害的，救助人不承担民事责任。

第 1165 条 行为人因过错侵害他人民事权益造成损害的，应当承担侵权责任。

依照法律规定推定行为人有过错，其不能证明自己没有过错的，应当承担侵权责任。

第 1166 条 行为人造成他人民事权益损害，不论行为人有无过错，法律规定应当承担侵权责任的，依照其规定。

第 1186 条 受害人和行为人对损害的发生都没有过错的，依照法律的规定由双方分担损失。

Part 4 讲一讲

《民法典》实施前，救助者在实施救助的过程中若因为自己的重大过失造成了受助者更严重的损害，是要承担责任的。这显然会抑制救助者积极施救，因为普通人难以识别自己何种行为属于重大过失。《民法典》删除了该限制条件，因自愿实施紧急救助行为造成受助人损害的，救助人不承担民事责任。

所以，《民法典》第 184 条又被称为“好人条款”，它的推出化解了“好心没好报”的现实尴尬，破解长期困扰人们的“扶不扶”“劝不劝”“追不追”“救不救”“为不为”“管不管”等法律和道德难题，让司法有力量、有是非、有温度；让群众有温暖、有遵循、有保障。《民法典》这一规定的目的就是给人们吃下一颗定心丸。如果有人突然出现紧急情况需要救助，而你又恰巧有这方面的知识，那么就大胆去救，法律给你撑腰。

同样地，根据《民法典》第 1165 条，对类似“碰瓷”行为，疑似“碰瓷”者应当举证扶人者确实撞倒了自己，如果疑似“碰瓷”者不能拿出充分有效的证据，只凭主观臆测推断，就不能主张赔偿的权利。《民法典》的基本原则中，对民事诉讼有一个一般的举证规则——“谁主张，谁举证”，也就是当事人对自己提出的主张，有责任提供证据。简单来说，疑似“碰瓷”者要索赔，就得由他自己来举证，而不是由对方“自证清白”。

《民法典》明确了过错责任原则、无过错责任原则、公平责任的适用范围。在没有侵权人、侵权人逃逸或无力承担侵权责任的情况下，适用公平责任，由受益人对受害人适当补偿。

◆ 八年级二班 胡晴月

无过错责任原则适用的情形主要包括产品责任、环境污染责任、高度危险责任、饲养动物损害责任以及工伤事故责任。无过错责任原则不具有对违法行为的制裁性，而在于对受害人提供补偿。

过错责任原则采取“谁主张，谁举证”的原则，由受害人就其主张负举证责任。在过错推定责任中，举证责任发生了倒置，受害人无须就行为人的过错负举证责任，但仅限于医院、学校特定范围等。

此外，最高人民法院、最高人民检察院、公安部《关于依法办理“碰瓷”

违法犯罪案件的指导意见》(公通字〔2020〕12号)指出，实施“碰瓷”，虚构事实、隐瞒真相，骗取赔偿金，符合《刑法》第266条规定的，以诈骗罪定罪处罚。实施“碰瓷”，捏造人身、财产权益受到侵害的事实，虚构民事纠纷，提起民事诉讼，符合《刑法》第307条之一规定的，以虚假诉讼罪定罪处罚；同时构成其他犯罪的，依照处罚较重的规定定罪从重处罚。

所以，面对“扶不扶”的问题，大家一定有了更深刻的认识。

一方面，《民法典》给了大家“扶”的底气。同时，电子设备和监控的普及让还原事实越来越容易，不至于出现“有口说不清”的尴尬局面。

另一方面，尊老爱幼、乐于助人本是我们中华民族固有的高尚品格。老人属于弱势群体，身体机能衰退，摔倒后需要获得及时的帮助与救护。救人反而被讹诈只是个例事件，不应成为我们冷眼旁观的理由。推己及人，每个人都希望被善待。及时帮助摔倒的老人，有利于弘扬良好社会风气。

【小　贴　士】

1. 扶人是美德也受法律保护：坚信“碰瓷”是少数，相信多数人乐于助人。

2. 紧急救助无须担责：见义勇为者在救助的过程中是免责的。

3. 依法处理讹诈“碰瓷”：依法处理违法犯罪，法律为善良者保驾护航。

Part 5 试一试

阅读下面的案例。结合《民法典》相关法条，谈谈国家制定相关法律法规有哪些重大意义？

2017 年，朱某路过一起交通肇事现场，当追赶肇事逃逸者张某时，张某逃入火车道，被火车撞击身亡，朱某被张某家属索赔60余万元。法院经审理查明，张某由南向北无证驾驶两轮摩托车，与同方向行驶的无牌照两轮摩托车追尾相撞，后张某起身驾驶摩托车驶离现场。事发当时，朱某驾驶小轿车经过肇事现场，发现肇事逃逸行为即驾车追赶。后张某自行驶向两铁轨中间，被火车撞倒。法院认定，在朱某跟随张某的整个过程中，两人未曾有身体接触。2018 年，法院判决驳回原告张某家属的所有诉求，认定朱某的追赶行为与死者被火车撞死不具有法律上的因果关系。朱某的行为属于见义勇为。

（执笔人：周 斌 刘 慧）

第二单元 物 权 编

物权是民事主体依法享有的重要财产权。物权法律制度调整因物的归属和利用而产生的民事关系，是重要的民事基本制度之一。

《民法典》第二编“物权”加强了对建筑物业主权利的保护，适当降低业主作出决议的门槛，明确共有部分产生的收益属于业主共有，明确地方政府有关部门、居民委员会应当对设立业主大会和选举业主委员会给予指导和协助等内容。通过这一单元的学习，相信你一定能为维护家庭权益出一份力！

◆ 八年级一班　周佳鉴

第一节 这种情况下物业费应该交吗?

Part 1 看一看

东东家所在的小区物业服务不到位，给大家的日常生活带来了诸多不便，邻居们多有不满。最近，小区里停放的好几辆车都被划了，东东家新买的车不幸也惨遭毒手，由于不在监控探头监视范围内，一时间也找不出干坏事的人。东东的爸爸很生气，去找物业，要求他们负责，赔偿自己修车的费用。物业表示，小区保安有定时巡检，在公共区域也安装了安防监控，但对这种蓄意破坏车辆的行为他们也没有办法，赔偿是不可能的事情。

Part 2 想一想

东东想到自家的新车被划伤，对爸爸说：“物业做得不好就不应该收钱。”妈妈听了却说：“你生气归生气，物业费还是要交的。”

请问，这种情况下，物业费应该交吗？

Part 3 亮一亮

《中华人民共和国民法典》

第 942 条 物业服务人应当按照约定和物业的使用性质，妥善维修、养护、清洁、绿化和经营管理物业服务区域内的业主共有部分，维护物业服务区域内的基本秩序，采取合理措施保护业主的人身、财产安全。

对物业服务区域内违反有关治安、环保、消防等法律法规的行为，物业服务人应当及时采取合理措施制止、向有关行政主管部门报告并协助处理。

第 944 条 业主应当按照约定向物业服务人支付物业费。物业服务人已经按照约定和有关规定提供服务的，业主不得以未接受或者无需接受相关物业服务为由拒绝支付物业费。

业主违反约定逾期不支付物业费的，物业服务人可以催告其在合理期限内支付；合理期限届满仍不支付的，物业服务人可以提起诉讼或者申请仲裁。

物业服务人不得采取停止供电、供水、供热、供燃气等方式催交物业费。

◆ 七年级三班 周涵茜

Part 4 讲一讲

一、物业费包括哪些费用？

根据国家发展和改革委员会、原建设部颁布的《物业服务收费管理办法》，物业费包括以下几个方面。

1. 绿化管理费：环境绿化的养护费用，主要包括绿化用水费、绿化工具费、劳保用品费、杂草清运费等。

2. 保安费：一般只针对封闭式小区收取，主要包括保安器材装备费、保安人员人身保险费、保安用房及保安人员住房租金等。

3. 清洁卫生费：垃圾外运费、清洁工具费、劳保用品费、化粪池清掏费、卫生防疫杀毒费和清洁环卫所需的其他费用。

4. 物业管理企业固定资产折旧费：物业管理企业的固定资产主要包含通信设备、办公设备、交通工具、维修设备等，其平均折旧年限一般为 5 年。

5. 办公费：通信费、交通费、广告宣传社区文化费、办公用房租金（含水电费）、低值易耗办公用品费等。

6. 公共设施、设备日常运行维修及保养费：电气、燃气、消防系统设备的维修保养费以及公共照明费、公共建筑内的各种土建零修费、易损件更新准备金等。

7. 工作人员的工资和福利费：工作人员的基本工资、加班费，按规定提取的福利费和服装费也在物业费范围内。

8. 法定税费：城市建设维护税、教育附加费等。

二、业主执意不交物业费会有哪些后果？

若小区的业主在自己没有正当理由的情况下，拒绝交纳物业费，那么这种情况就违反了物业服务合同中的相关约定，业主委员会有权利要求业主在宽限期内补交物业费，逾期仍不交纳的，物业管理企业可以向人民法院起诉。被起诉的业主需要承担败诉所带来的一切不利后果，这样对业主来说是得不偿失的。所以只要物业公司没有过错，业主就必须按时交纳物业费。

三、什么情形下可以不交物业费？

1. 违规收取物业费

如果物业公司违规收取物业费，那么小区的业主就可以拒交物业费。目前关于物业公司违规收取物业费的问题较为严重，但多数业主都是忍气吞声，其实，针对这种情况，业主完全可以拒交超标的物业费。

2. 未经同意而增加服务

在业主没有同意的情况下，物业公司擅自增加服务，业主是可以拒交物业费的。通常来说，小区的业主都会和物业公司签订物业服务合同，如果物业公司未经业主委员会或业主同意，自行增加服务项目，那么业主就可以按照当时所签订的物业服务合同拒交物业费。

3. 延期交房

如果遇到开发商延期交房的情况，业主也是可以拒交物业费的。开发商之所以会延期交房，一般都是自身的原因，在这种情况下，应该由开发商承担物业费。

4. 没有收房

在业主还没有收房的情况下也是可以拒交物业费的。一般来说，物业费从业主正式收房开始起算，如果业主目前处于还没有正式收房的状态，但物业公司要提前收费，业主就可以拒交。如果购房者确实已经收房了，只是没有住进去，这种情况下还是要正常交物业费的。

所以，根据《民法典》的规定，物业公司和业主都有各自的义务。物业公司应当妥善维修、养护、清洁、绿化和经营管理物业服务区域内的业主共有部分，维持物业服务区域内的基本秩序，采取合理措施保护业主的人身、财产安全。对物业服务区域内违反有关治安、环保、消防等法律法规的行为，物业公司应当及时采取合理措施制止，向有关行政主管部门报告并协助处理。业主则应当按照约定向物业公司支付物业费。

如果业主对物业服务不满意，应当通过合法途径主张自己的权利，而不是简单地以不交物业费作为维权的方式。

小区是业主的家，物业公司是这个大家庭的管家，家的和谐美满、宁静舒适靠每一位成员来维系。以下这封物业的信（节选）作出了很好的示范。

尊敬的广大业主：

……同在蓝天下，愿我们相处融洽。

如果您占用了公共部分，您想想是不是有点自私了。如果是我们没做好，您可以批评，如果您提建议或意见，我们虚心接受。

安全路桩为安全，拔除之人太可恨，人人都可指责。夜晚，我们也想让路灯更亮，但是它需要改造。草坪灯坏了不少，如果再踢撞它就更不亮了，不过，只要可以修的，我们一定维修，让您不再看了心烦。如果要改造，只要您同意使用物业维修基金，一切即将改变。

单元门经常坏，轻轻出门轻声带。配电箱上了锁，别碰它，很危险。楼道清洁不干净，投诉请电告，我们立即去清理，顺便说声对不起。对讲门铃经常用，总开关需要本单元人员来爱护，轻轻按键延长其寿命。

停车的人士请注意安全，车多位少，不要争，不要抢，别乱摆放，出了意外可是个大麻烦，放好通行证，我们找您也方便。

装修的人家请自觉，垃圾袋装为环保，您散放我难清，一旦被发现，罚款可不轻……

谢谢！

××物业公司

Part 5 试一试

了解一下你居住小区的物业情况，然后填写如下内容：

目前你所在小区是由____________________物业公司管理的，物业电话是__________，报修电话是__________；

物业费的收费标准是________，计算一下，一套100平方米建筑面积的房子，每月需要交纳____________元物业费。

（执笔人：陈明扬）

第二节 居民小区的电梯坏了、屋顶漏水了，如何维修？

Part 1 看一看

◆ 六年级四班 周 润

孟某系某小区顶层房屋的业主，购房时，开发商向其赠送了楼顶晒台。后因该晒台漏水，张某房屋受损。庭审中，孟某对漏水原因提出异议，认为是晒台的设计存在缺陷导致漏水，但未能举证。

Part 2 想一想

张某房屋受损，孟某也感觉委屈。孟某表示这是晒台的设计缺陷造成的，而开发商坚持要求孟某举证说明设计缺陷。

如果你是孟某，应该如何维护自己的权利并避免邻居房屋受损？

Part 3 亮一亮

《中华人民共和国民法典》

第238条 侵害物权，造成权利人损害的，权利人可以依法请求损害赔偿，也可以依法请求承担其他民事责任。

第285条 物业服务企业或者其他管理人根据业主的委托，依照本法第三编有关物业服务合同的规定管理建筑区划内的建筑物及其附属设施，接受业主的监督，并及时答复业主对物业服务情况提出的询问。

物业服务企业或者其他管理人应当执行政府依法实施的应急处置措施和其他管理措施，积极配合开展相关工作。

第288条 不动产的相邻权利人应当按照有利生产、方便生活、团结互助、公平合理的原则，正确处理相邻关系。

第296条 不动产权利人因用水、排水、通行、铺设管线等利用相邻不动产的，应当尽量避免对相邻的不动产权利人造成损害。

第1165条 行为人因过错侵害他人民事权益造成损害的，应当承担侵权责任。

依照法律规定推定行为人有过错，其不能证明自己没有过错的，应当承担侵权责任。

Part 4 讲一讲

居民小区，楼上楼下，屋顶漏水，电梯坏了，由谁承担责任？由谁负责维修？如何避免产生“报修难”“报修不及时”的问题？让我们一起学习几个真实的法律案例。

一、楼上漏水渗透到楼下，都是楼上的责任吗？

2015 年，小李家购买了位于上海市静安区的某房屋。2019 年，因楼上王叔叔家的房屋漏水，二人发生纠纷。涉案房屋的厨房下水管道与屋顶的连接处、卫生间房顶、次卧室屋顶出现渍水，导致小李家的电线电路以及空调等设备严重受损。

◆ 六年级四班　周　润

经过法院审理，认定房地产公司对该损失的发生具有根源性作用（因下水管道检查盖自交付给业主之际就未拧紧致使漏水），故而应承担受害方小李房屋漏水所致损失 50% 的赔偿责任。而楼上王叔叔因将自家卫生间下水管道以砖混结构封闭致使检查漏水点被延误，应承担受害方小李房屋漏水所致损失 40% 的赔偿责任，物业公司应承担 10% 的赔偿责任。

本案在漏水案件中属于最常见的漏水类型，即楼上业主的防水存在问题（也有疏忽大意忘关水龙头导致漏水的）。漏水业主作为房屋的所有权人及维护管理人，对房屋漏水给楼下业主造成的损失理应进行赔偿。若确定属于装修公司工程质量或管线问题造成的漏水，则可向装修公司或管线厂家另行追偿。

若房屋受到侵害的业主因楼上防水存在缺陷遭受财产损失，根据《民法典》第 238 条“侵害物权，造成权利人损害的，权利人可以依法请求损害赔偿，也可以依法请求承担其他民事责任”的规定，房屋受到侵害的业主可以依法要求楼上侵权业主承担赔偿责任。

二、电梯坏了，谁来承担维修和保障责任？

2008 年 6 月，某房地产公司和某物业公司签订合同，约定由物业公司负责共有设施设备的运行、维修、养护和管理。2008 年 10 月，物业公司委托某电梯公司维护、保养电梯，电梯公司出具报告称，小区的电梯基于设计及安装原因存在安全隐患，并提出解决安全隐患的方案。物业公司要求房地产公司按照方案整改；房地产公司承诺，电梯运行正常，没有隐患。2008 年 12 月，小区 1 号楼 4 部电梯经检测不合格被查封，不能使用。

◆ 六年级四班　居　润

在政府相关部门的主持调解下，

房地产公司和物业公司各自维修两部电梯，分别支付安装维修款318,000元。但是，房地产公司不服调解，事后起诉物业公司，要求支付电梯安装维修款。

本案中，电梯属于物业共用设施，房地产公司与物业公司签订的物业服务合同约定由物业公司负责物业共用设施设备的运行、维修、养护和管理，因此应由物业公司履行涉案四部电梯的维修、养护、管理义务。电梯虽然是交付物业公司后出现故障，但先天不足，在设计和安装中就存在隐患，故房地产公司也应承担相应的责任。如果某一方的故意或者无意损坏导致电梯故障，例如，有人故意砸坏电梯导致其无法运行，应由该责任人赔付维修费用。另外，日常维护、保养不及时导致电梯出现故障无法运行时，应由电梯的维修和保养单位承担维修责任。

三、维修业主共有的设施，可以启用公共维修资金

◆ 六年级四班 周 润

《民法典》第285条规定："物业服务企业或者其他管理人根据业主的委托，依照本法第三编有关物业服务合同的规定管理建筑区划内的建筑物及其附属设施，接受业主的监督，并及时答复业主对物业服务情况提出的询问。物业服务企业或者其他管理人应当执行政府依法实施的应急处置措施和其他管理措施，积极配合开展相关工作。"

所以，屋顶漏水、电梯损坏等可以使用建筑物及其附属设施的维修资金进行维修。建筑物及其附属设施维修资金有时也称专项维修基金，是指根据法律规定建立的专门用于住宅共用部位、共用设施设备保修期满后进行大规模维修以及坏旧部分的更新和改造的资金，以使其保持正常使用功能，或者不断提高其使用效能，或者使其具有新的效能。

Part 5 试一试

1. 打卡自己居住小区物业所在的地点。

2. 了解自己小区物业的联系电话或微信群。

3. 在现实生活中，如果遇到了房屋漏水、电梯坏了的情况，你可以这么做：

（1）保护现场，固定证据，如采取拍照、拍视频等方式。

（2）查找原因，协商解决，如可向物业、居委会、街道反映或者拨打“12345”热线电话等。

（3）进行现场评估，等待手续完备后向法院起诉。

如果你有相关的经验或经历，请与老师和同学们分享。

（执笔人：施 佩）

第三节　小区共有场所收入归谁所有？

Part 1 看一看

6 月 8 日，湘银小区居民邹先生说，小区广告无孔不入，但业主对广告收益并不知情，“我们不少业主虽然看到小区电梯有广告，但压根儿没想到收费的问题，更别提向物业或者业主委员会要求说明电梯广告收入的使用情况了”。

◆ 六年级二班　季淑增

◆ 六年级四班　周　润

Part 2 想一想

小明想到了自己的小区，他也不清楚小区的收入到底归谁所有，同时担心青少年主动维护自身权益比较困难，于是向身边的两位朋友交流。

小李同学表示：小区的收入当然归物业。

小刚同学则表示：这应该归小区业主所有。

你认为谁的说法正确呢？

Part3 亮一亮

《中华人民共和国民法典》

第278条 下列事项由业主共同决定：

（一）制定和修改业主大会议事规则；

（二）制定和修改管理规约；

（三）选举业主委员会或者更换业主委员会成员；

（四）选聘和解聘物业服务企业或者其他管理人；

（五）使用建筑物及其附属设施的维修资金；

（六）筹集建筑物及其附属设施的维修资金；

（七）改建、重建建筑物及其附属设施；

（八）改变共有部分的用途或者利用共有部分从事经营活动；

（九）有关共有和共同管理权利的其他重大事项。

业主共同决定事项，应当由专有部分面积占比三分之二以上的业主且人数占比三分之二以上的业主参与表决。决定前款第六项至第八项规定的事项，应当经参与表决专有部分面积四分之三以上的业主且参与表决人数四分之三以上的业主同意。决定前款其他事项，应当经参与表决专有部分面积过半数的业主且参与表决人数过半数的业主同意。

第 282 条 建设单位、物业服务企业或者其他管理人等利用业主的共有部分产生的收入，在扣除合理成本之后，属于业主共有。

第 283 条 建筑物及其附属设施的费用分摊、收益分配等事项，有约定的，按照约定；没有约定或者约定不明确的，按照业主专有部分面积所占比例确定。

第 284 条第 1 款 业主可以自行管理建筑物及其附属设施，也可以委托物业服务企业或者其他管理人管理。

Part 4 讲一讲

物业公司利用共有部分从事经营活动颇为常见，特别是侵吞小区外墙广告、电梯广告收益等侵害业主权利的问题频频发生。大多数小区外墙广告、电梯广告都是由物业公司和广告公司直接签订协议，事先并没有征询业主意见。许多物业公司认为，广告收益应该划入物业公司，作为管理费的一部分由物业公司统一支配，并称广告收益可作为组织居民活动的经费。但对物业公司这种说法，许多业主表示不信任，认为现实中一些小区广告收益的账目并没有公开，广告收益作为组织居民活动经费的说法可能只是物业公司对付业主的幌子。

一、小区共有部分能够产生收入的区域具体有哪些?

《民法典》对共有部分收入作出明确规定之后，很多业主产生了疑问，究竟小区共有部分能够产生收入的区域具体有哪些?

◆ 六年级二班　李叔增

1. 车库、车位。在保证业主的合理停车需求在任何时候都能得到首先满足的前提下，如果车位、车库还有空余，为缓解小区停车难的社区问题，开发商或物业公司可以将车位、车库出租给业主之外的第三人，但产生的收益应当归业主所有。

2. 楼顶平台。楼顶平台是指建筑的楼顶及其空间，这一部分属于全体业主所有，若物业公司将楼顶平台进行处分，如设置广告塔就必然产生收益，该部分收益应当归业主所有。

3. 建筑外墙面。建筑外墙面属于建筑物的整体构造部分，应当属于全体业主共有。如果开发商或物业公司利用建筑物外墙设置广告、牌匾等商业宣传或者在外壁上悬挂霓虹灯招牌，应当支付使用费。

4. 建筑基本构造部分中的走廊、楼梯、过道、电梯间等。实践中，有物业公司在这些位置设置广告位，由此产生的收益也应当归业主所有。

二、业主依法维权时，应当注意什么？

《民法典》正式实施后，小区业主应当如何维护自己的权益呢？

法官给出了专业建议：业主们可以通过业主大会和业主委员会督促物业公司及时公布业主共有区域收支情况，并向小区业主公示。物业公司未作公示或双方协商无法达成一致的，业主和业主委员会可以作为原告起诉物业公司，主张归还收益。需要强调的是，物业公司不得主张以共有部分收益抵销部分业主欠付的物业管理费。因为欠付物业管理费的部分业主为单个主体；而共有部分产生的收益，在扣除合理成本之后，属于业主共有，两者有本质的区别。

◆ 六年级二班　季淑增

◆ 六年级四班　周　润

《民法典》物权编就业主共有部分新增条文予以明确规定，加强了对业主权利的保护，强化了业主对共有部分共同管理的权利，并明确共有部分产生的收益属于业主共有。如《民法典》第278条中规定，改变共有部分的用途或者利用共有部分从事经营活动由业主共同决定，应当经参与表决专有部分面积3/4以上的业主且参与表决人数3/4以上的业主同意。同时，《民法典》第282条规定，建设单位、物业服务企业或者其他管理人等利用业主的共有部分产生的收入，在扣除合理成本之后，应当属于业主共有。

新增该规定旨在规范建筑物区分所有权共有部分的管理，回应现实中物业公司改变共有部分用途或利用共有部分从事经营活动侵害业主权利的现象，有利于强化保护业主的建筑物区分所有权共有部分的合法权益。

Part 5 试一试

请同学们开展一次“小区公共场所收入”小调查，进一步了解自己小区的公共场所收入情况。可设置如下问题：公共场所的收入有没有给业主？有没有业主委员会监督公共场所的收入？通过收集和整理数据，详细分析后形成一份调查小组的研究报告，并将结果主动反馈给老师，帮助老师更好地了解小区的真实做法。

（执笔人：顾润林）

第三单元　合　同　编

合同制度是市场经济的基本法律制度。《民法典》第三编“合同编”中强调了依法成立的合同受法律保护，同时，完善了国家订货合同制度以及情势变更制度等。

作为一名中学生，学习合同编相关内容，提高自己的法治思维和维权意识，学会用法律的武器解决生活中的难题。

◆ 八年级一班　周佳鉴

第一节 支付宝上钱转错了怎么办?

Part 1 看一看

2020 年 1 月 23 日，成都人张某欲将工程款支付给本村村民陈某，通过手机银行操作时，误将手机中已存的隔壁村陈某信息作为本村陈某进行转账，直到本村村民陈某再次索要工程款时，张某调出转账记录时才发现转错对象了。其间，意外获得收入的隔壁村陈某正缺货款，突然来了一笔款项，10 天过后还没有人联系，于是将该笔钱部分用于支付货款。又过了 13 天，张某来电话称把工程款转错了，请隔壁村陈某返还，隔壁村陈某知悉情况后称部分钱已经用于支付货款了，请张某将该笔钱借用一段时间，年底归还。张某称工程款催得紧，请立即返还全部款项。协商未果后，张某起诉至法院。

◆ 七年级一班 毛婧娴

Part 2 想一想

协商未果后，张某起诉至法院。张某表示这笔钱是误转给隔壁村陈某，隔壁村陈某理应立即询问并返还，而他私自挪为他用，这是偷窃行为。隔壁村陈某则坚持钱是张某自己转错的，已经等了 10 天都没人联系，那么用掉这笔钱也无可厚非。

你认为谁的说法正确呢？

Part 3 亮一亮

《中华人民共和国民法典》

第 985 条　得利人没有法律根据取得不当利益的，受损失的人可以请求得利人返还取得的利益，但是有下列情形之一的除外：

（一）为履行道德义务进行的给付；

（二）债务到期之前的清偿；

（三）明知无给付义务而进行的债务清偿。

第 986 条　得利人不知道且不应当知道取得的利益没有法律根据，取得的利益已经不存在的，不承担返还该利益的义务。

第 987 条　得利人知道或者应当知道取得的利益没有法律根据的，受损失的人可以请求得利人返还其取得的利益并依法赔偿损失。

第 988 条　得利人已经将取得的利益无偿转让给第三人的，受损失的人可以请求第三人在相应范围内承担返还义务。

Part 4　讲一讲

一、认识不当得利

1. 什么是不当得利？

不当得利，是指没有合法依据，有损于他人而取得利益的行为。不当得利的法律事实发生以后，就在不当得利人与利益所有人（受害人）之间产生了一种权利义务关系，即利益所有人有权请求不当得利人返还不应得的利益，不当得利者有义务返还。这也就在双方之间产生一种债的关系。

2. 不当得利的特征

（1）双方当事人必须一方为受益人，他方为受害人。

（2）受益人取得利益与受害人遭受损害之间有因果关系。

（3）受益人取得利益没有合法根据。既没有法律上的根据，也没有合同上的根据，或曾有合法根据，但后来丧失了这一合法根据。

二、转进来的钱可以不还吗？

让我们一起学习两个真实的法律案例。

1. 案例一

◆ 七年级一班　毛婧娴

甲公司租赁常州公司的吊装设备，甲公司以滚动付款方式，陆续给常州公司支付租赁费。2008 年 11 月至 2011 年 1 月，常州公司及业务经理李某义在陆续收到甲公司 4,704,920 元的款项之后，又通过转账或者现金的方式向甲公司的管理人员陶某、牛某等人给付款项共计 4,704,920 元。后常州公司以不当得利为由要求甲公司、陶某等返还 4,704,920 元。

律师认为，明知无给付义务，又任意给付，再请求返还，有违诚信原则，无保护必要，不发生不当得利。本案中，常州公司多次在甲公司向其付款后，将全部款项转付给包括牛某、陶某在内的甲公司的工作人员，该转款行为是其在自愿基础上明知没有给付义务而实施的给付行为。

2. 案例二

老王系独居老人，无儿无女。由于年事已高、收入微薄，经济生活较为困难。亲侄小王为此经常通过手机银行、微信转账等方式贴补老王家用，甚至支付了老王数次的医疗费用。2020 年 1 月，老王立下遗嘱，声称去世之后名下所有财产全部捐赠，小王一怒之下将老王诉至法院，以老王不当得利为由要求老王返还自己为其支出的医疗费、生活费等费用共计数万元。

律师认为，规范为履行道德义务进行的给付行为，旨在调和法律与道德之间的关系，使法律规定符合一定的道德观念，即基于道德上的义务为给付行为符合社会道德观念，一旦给付，不得依不当得利请求返还。本案中，小王对无扶养义务的亲属以为有扶养义务而予以扶养，对被扶养的亲属不得依据不当得利要求返还支出的扶养费。是否为道德上的义务，应依一般社会观念及当事人之间的关系、给付标的物的价值等情况认定。

三、未成年人网上充值消费有效吗？

让我们再来学习两个真实的法律案例。

1. 案例一

原告张某（2006 年 2 月 13 日出生）于 2019 年 1 月 7 日至 9 日通过其父亲的支付宝账号向被告某信息技术有限公司支付了共计 810 元用于购买相关游戏服务。原告方认为，原告本人 12 周岁，在家长不知情的情况下充值被告公司游戏服务的行为是无效的，要求被告返还原告 810 元并承担案件受理费。

本案争议焦点：（1）充值行为是否原告所为；（2）充值行为是否有效。

第一，根据原告提供的证据，付款行为时间和金额与游戏角色消费情况相符，所以认定充值行为为原告所为。第二，根据原告的年龄以及其在北京地区接受初中教育的经历、其所处地区的消费水平，认定原告应能够理解其为游戏

◆ 七年级一班　毛婧娴

角色充值行为和相应的后果，该行为与其年龄和智力相适应。由此，法院驳回了原告的诉讼请求。

2. 案例二

10 岁的乐乐用父亲的手机和账号在某网络直播平台观看游戏直播时，擅自给该平台主播打赏 23 万元。次日，乐乐父亲翻看手机才发现该笔消费，经询问乐乐及查看家中监控才得知，乐乐背着父母将 23 万元全部用于打赏游戏主播，遂向该网络直播平台请求返还全部打赏款项。

本案中，乐乐打赏主播时 10 岁，尚属限制民事行为能力人。显然，其年龄、智力、心理等方面都不成熟，打赏主播可能是基于猎奇或者跟风，其打赏 23 万元的行为应当认定为与其年龄、智力不相适应的民事法律行为。同时，乐乐的打赏行为也未经其法定代理人同意或追认，属于可撤销的民事法律行为。据此，乐乐父亲请求网络直播平台返还该款项时，网络直播平台应当返还。但是，法院要求乐乐父亲必须对乐乐进行批评教育，打赏多少都是不可取的行为。

四、安全转账

中国互联网信息中心（China Internet Network Information Center，CNNIC）发布第 49 次《中国互联网络发展状况统计报告》，其中显示，截至 2021 年 12 月，我国网民规模达 10.32 亿人，互联网普及率达 73.0%。其中，网络支付用户规模达

9.04亿人，较2020年12月增长4929万人，占网民整体人数的87.6%。

支付宝转账是目前常用的转账方式，你可以在不知道对方银行账户的情况下，直接向支付宝账户打款。不过，对转错账户的情况，支付宝方面表示是无法撤销打款的，转出方能做的是尝试给对方留言，或按照打款账户（电话或邮件）联系对方协商处理。因此，在转账前，弄清账户很重要。需要提醒的是，个人的支付宝账号不一定是其手机号码，也可以是邮箱、淘宝会员名等，所以在转账前一定要问清对方支付宝账号信息，切不可想当然地向对方手机号转账。

【小 贴 士】

1. 办理网络购物、网络退货、退款等业务时请认清官方渠道。

2. 如在购物网站申请退款或退货时，建议与官方客服联系后进行操作，切勿轻信不明身份的电话、网络聊天工具或其他形式提供的非正规途径的网络链接。

3. 收到动态验证码时，请仔细核对短信中的业务类型、交易商户和金额是否正确。

4. 任何客服工作人员不会向持卡人索取短信验证码，如有人索要可判定为诈骗，请立即报警；切勿轻易泄露自己的身份证件号、银行卡信息、交易密码、动态验证码等重要信息。

所以，“君子好财，取之有道”，所谓道者，即是法律和道德，反之，违反这些社会规范而取得财产权益即是不当得利。如今网上支付已经成为人们最常使用的支付方式，作为青少年，在支付和转账的过程中，我们要时刻注意安全，一旦发生转错账的情况，可以根据《民法典》中的相关规定及时维护自己的权益。

◆ 七年级一班　毛婧娴

Part 5 试一试

1. 突然收到一条手机短信：“尊敬的支付宝用户，你的登录信息于次日过期，请尽快登录 www. zhifubao. com 进行升级，给您带来不便请谅解，详询 95566。”你会怎么做？

2. 如果你的好朋友因为玩游戏要绑定家长的银行卡号，你会如何做？

（执笔人：倪　婕）

第二节 如何依法处理好借贷关系？

Part 1 看一看

最近小张的妈妈总是一副忧心忡忡的样子，小张决定问问妈妈遇到了什么烦心事，原来是妈妈答应借 3 万元给自己的朋友李阿姨，借款协议也在这两天签好了，但是眼看着到了要妈妈转账的时候了，她有点反悔了，又不想把钱转给李阿姨了，因此妈妈一脸愁容，陷入了难以抉择的境地。那么，不借给对方钱算不算违约呢？会不会影响朋友关系呢？

◆ 七年级一班　姚紫轩

Part 2 想一想

针对妈妈的忧虑，小张和他爸爸持有截然不同的观点。

小张爸爸表示：既然都已经答应了李阿姨，那么就应该遵守承诺，按照借款协议办事。

小张则表示：虽然妈妈与李阿姨签订了借款协议，但是并不代表妈妈有这个义务借钱给李阿姨，不借钱也不会涉及违约。

你同意谁的说法呢？

Part 3 亮一亮

《中华人民共和国民法典》

第 679 条 自然人之间的借款合同，自贷款人提供借款时成立。

Part 4 讲一讲

一、订立借据或欠条是最好的保障

像小张的妈妈这样虽然已经签订了借款协议，但是在没有把钱给到对方的时候，他们的借贷关系就没有成立。既然他们的借贷关系还没有成立，那么小张的妈妈肯定是没有违约的。但是，出于朋友的境遇考虑，应该根据实际情况及时向朋友道歉，并采取些许补偿措施等。

其实，在生活中发生借贷关系非常普遍，最可靠的保障方式就是订立借据或欠条。

【小 贴 士】

1. 在民间借贷中，借据是主张债权的重要凭证，因此当借款给他人时，应要求对方出具规范、无涂改的借条，并附上联系方式和身份证号码等信息。

2. 明确区分借条和欠条。借条尽量简洁明了，不要用模棱两可的语言。

3. 借款人要谨慎书写借条，特别是在尚未收到借款以及没有借贷事实的情况下，轻易书写借条，将可能承担没有得到借款但需要偿还借款的风险。

4. 借条本身必须是一张完整的纸，不能是撕过或裁剪过的纸张，所以借条的完整性非常重要，防止借款人以借条不具有完整性作为抗辩理由。

5. 当还款时，要及时让对方出具收条，并保存好还款凭证，当借款全部还清时，务必及时收回借条。

二、借款时没有写借条怎么办？

1. 案例一

王某和张某是好朋友。有一次王某向张某借款 1500 元。考虑是熟人，张某碍于情面没有让王某立借款字据。谁知道两个月之后，借款人王某并没有按照约定按时还款，也没有作出任何说明。又过了很长时间，张某看到王某还没有还钱的意思，就找到王某催要借款，但王某以手头没钱为由加以推托。之后张某多次催要此款，王某以各种借口一拖再拖。张某将王某告上法庭后，王某辩称：我只欠原告 400 元钱，已经还给他了，现在我不欠原告的钱了。

◆ 七年级一班　姚紫轩

公堂之上，原告张某为证明自己的主张，向法院提供了廖某的一份证言作为证据，被告王某对此份证据提出异议。法院在审理过程中，为查明案件事实，传唤证人廖某到庭陈述作证，并经双方当事人指证。最终，法院审理后判决被告王某应当履行还款义务，承担相应的民事责任，判决生效后王某应给付张某未还的借款 1100 元。

2. 案例二

2010 年，张某接到多年好友王某的电话，王某急需用钱，想让张某借给自己几万元周转，几个月便可以偿还。张某通过银行汇款方式给王某汇去 3 万元，因二人关系一直较为融洽，加之张某手中有汇款凭证便没有让王某打借据。然而，几个月过去了，王某并没有按时还钱，只是断断续续地分几次还了几千元，张某也并未提出异议。2011 年，张某找王某索要剩下的欠款时，王某称自己不欠张某的借款。协商未果，张某告到法院。

法庭上，当张某拿出自己当初给王某的汇款凭证时，王某称张某汇款是为了偿还他之前的欠款，但并没有提供证据予以证明。从时间上来看，张某汇款给王某在先，王某汇款给张某在后，符合我国民间借贷“先借后还”的传统经验法则，证据具有优势性，因此认定双方存在借贷关系，王某应返还所欠张某的欠款。

三、借条丢失了怎么办?

1. 案例一

2019 年 4 月 12 日，刘某因购买农用车向张某借钱 3.5 万元，现在到了还款期限，张某多次催要，刘某总是推托拒不还款。张某决定起诉，但发现找不到借条了。

律师认为，作为债权人一旦借条遗失，就不要仓促向法院起诉。因为当对方觉察借条遗失而赖账时，你就丧失了胜诉的可能。那么，借条遗失了，有没有补救措施呢？首先，要做好“保密”工作，不要让对方觉察借条已经丢失；其次，可态度从容地要求债务人制订还款计划或签订还款协议，只要对方答应制订计划、签订协议，条件可放宽，通常债务人较易接受这个要求；再次，请了解情况的单位和个人出具书面证实材料或作为证人出庭作证，证人必须与双方当事人无利害关系；最后，委托代理人与对方接触，做好谈话笔录，对方在没有觉察借条丢失的情况下，往往认账，他会把精力集中到能否还债的理由上。

2. 案例二

王某家住常州某镇，在当地开了一家建材装潢店，李某是一个搞装修的包工头，经常在王某的建材店购买装修材料。李某买材料先记账，一般两个月结一次。2018 年 1 月初，李某结算货款，在王某的记账本上注明：今欠王某 34, 000 元。李某说，有一笔装修款要在春节前才能拿到，到时一并付清，王某表示同意。春节前两天，李某拿来 14, 000 元，表示剩下的钱过几天就付。王某提议先出张收条。李某嫌麻烦，觉得收条容易丢，就直接在记账本的欠条后添加了一句“还欠款 20, 000 元”。但直到春节过完，李某也未结清剩余款项。2018 年 8 月，王某起诉至当地法院，要求李某归还剩余 20, 000 元货款，李某表示已还货款 20, 000 元。

由于“还”是一个多音字，有归还的意思，还有仍然的意思。本案中，王某和李某存在买卖关系，王某提供装修材料给李某，李某定期结算货款。因此，在李某出具的欠条中，无论李某还了 20,000 元也好，还是归还 14,000 元也罢，李某负有还款的举证义务。如李某举证不能，应当承担不利后果。具体到本案中，如李某主张已经归还 20,000 元，则应当提供相应的还款证明，如银行提款记录、转账记录等。借款纠纷也是一样的，出借人在借出款项后，就是否归还借款、归还多少借款承担举证责任。

◆ 七年级一班　姚紫轩

【小　贴　士】

随着互联网经济的快速发展，通过“网上银行”进行交易和借贷已经成为现代人经济往来的重要方式。“网上银行”又称网络银行、在线银行或电子银行，它是各银行在互联网中设立的虚拟柜台，银行利用网络技术，通过互联网向客户提供开户、销户、查询、对账、行内转账、跨行转账、信贷、网上证券、投资理财等传统服务项目。其优点之一，就是所有交易都被实时记录在网络数据中，成为证明交易过程和借贷关系重要的依据。

“人而无信，不知其可也。”诚信是人际交往的名片，是立足社会的基石，也是人一生的身份证。在现实生活中，我们在做任何事之前都应该三思而后行，切不可贸然应允别人请求。答应借钱给别人又反悔，原则上不承担法律责任，但是违反了诚实信用原则，可能受到道德上的谴责等。

Part 5 试一试

中国青年报社社会调查中心联合问卷网对 1983 名在校大学生进行的一项调查显示，61.7% 的受访大学生每个月的生活费在 1000 元到 2000 元，生活费的主来源如下：（1）有 79.5% 的家庭会由父母提供生活费；（2）有 54.2% 的大学生会打工或实习；（3）有 36.3% 的大学生获得过奖学金；（4）9.8% 的大学生会选择校园贷或借款。那么，像蚂蚁花呗等小额贷款对大学生消费行为的影响有什么利弊呢？请发表自己的观点。

（执笔人：郑　萍）

第三节　遇到旅客霸座怎么办？

Part 1　看一看

假期里，小明乘坐高铁从上海前往广州旅行，当他上车后，发现自己的座位已经被乘客刘某占据。原来，刘某上车后没有按座位号就座，而是坐在了其他旅客的座位上，而这个座位正好是小明的。小明要求刘某让出座位，但刘某拒不配合，声称“谁先坐就是谁的”。无奈之下，小明找到列车员，列车员劝说无效后，报告了乘警。面对刘某的无理行为，乘警对刘某多次提出警告，均遭到刘某拒绝。刘某态度恶劣，其间多次辱骂乘警和其他旅客。为了维持列车正常秩序，乘警在对其多次警告无果后，将其强制带离现场，制作相关法律文书交沿途车站派出所处理。

◆ 七年级二班　田玥凌

Part 2 想一想

面对时有发生的霸座行为，有人认为违反的是道德，也有人认为违反的是法律。小明的朋友们对此有不同的看法。

小陈同学：霸座行为是有些人素质低下的表现，我认为这种行为违反的是道德。

小张同学：我觉得霸座行为既违反了道德，也违反了法律，我们要用法律来捍卫自己的权益。

你认为谁的说法正确呢？

Part 3 亮一亮

《中华人民共和国民法典》

第 815 条第 1 款 旅客应当按照有效客票记载的时间、班次和座位号乘坐。旅客无票乘坐、超程乘坐、越级乘坐或者持不符合减价条件的优惠客票乘坐的，应当补交票款，承运人可以按照规定加收票款；旅客不支付票款的，承运人可以拒绝运输。

第 819 条　承运人应当严格履行安全运输义务，及时告知旅客安全运输应当注意的事项。旅客对承运人为安全运输所作的合理安排应当积极协助和配合。

Part 4 讲一讲

一、公安部门和铁路客运部门如何处理霸座行为？

尽管人们对霸座行为更多的是道德指责，但并不影响霸座行为本身蕴含的多重法律关系。以高铁为例，首先，乘客与铁路公司之间通过购票订立了客运合同。“对号入座”本应是履行合同义务，霸座者不按约定乘坐，即违反了合同约定，铁路公司可以违约起诉霸座者。此外，霸座者霸占了他人座位，这是一种侵权行为，具体侵犯的是被霸座者的使用权，因为被霸座者买了票而不能“落座”。

铁路公司有义务维护正常的运输秩序，若铁路公司尽其所能仍无法阻止霸座者的行为，根据《民法典》的具体规定，铁路公司可以起诉霸座者违约，而被霸座旅客也可以起诉霸座者侵权。

《民法典》第 815 条明确提出了旅客应当按照有效客票记载的时间、班次和座位号乘坐。该条规定还表明了旅客购票即与承运人签订了一份运输合同，霸座就是旅客违约。从立法的层面来讲，《民法典》对霸座行为予以红牌警告，目的是维护正常的运输、出行秩序和保障守法旅客的权益。

◆ 七年级二班　田玥凌

◆ 七年级二班　田玥凌

座位被无良旅客霸占的旅客，此前可以根据《合同法》相关规定向承运人索赔，承运人只能自己承担赔偿责任。《民法典》的出台意味着今后承运人也可以拿出明确的法律依据，向霸座者主张违约责任。

根据《治安管理处罚法》第 23 条第 1 款第 3 项的规定，有扰乱公共汽车、电车、火车、船舶、航空器或者其他公共交通工具上的秩序的行为，处警告或者 200 元以下罚款；情节较重的，处 5 日以上 10 日以下拘留，可以并处 500 元以下罚款。

二、霸座行为被电视台报道，是否侵犯名誉权？

针对这个问题，让我们来学习这样一则法律案例。

2018 年 12 月 8 日，罗某持购车区间为武昌站至鄂州站的车票，乘坐 Z25 次列车。在列车到达鄂州站后未下车，并从其车票所示的 4 车 4 号上铺移至 5 车继续乘车。列车自鄂州站行驶至黄石站期间，罗某拒绝列车乘务员、列车长和乘警对其补票、出示身份证的要求，并一度情绪激动。当乘警告知其不要扰乱乘车秩序、列车乘务员携摄像设备记录现场情况时，罗某做出抢夺乘务员摄像设备的动作，并伴有不文明语言，双方发生争执。列车停靠黄石站期间，黄石站派出所给予罗某行政拘留 5 日的处罚，并将其送至黄石市拘留所执行。

12 月 11 日，央视中文国际频道“中国新闻”栏目、财经频道“第一时间”栏目分别报道了该事件。之后，罗某以侵犯名誉权起诉央视，但被法院驳回。法院认为，央视在遵循报道真实、客观以及评论合理、妥当的前提下，对违法行为进行批评，是在依法履行舆论监督职责，引导公民遵纪守法、遵守公共秩序。

因此，在央视违法行为并不存在的大前提下，罗某提出名誉权侵权的主张尚不能成立，法院不予支持，因此驳回其关于侵权损害赔偿的诉讼请求。

【小 贴 士】

1. 杜绝霸座行为，需要从根本上树立全民法律信仰。
2. 当场严格执法，才能以儆效尤，重塑公民对法律的信心。
3. 规范执法流程，充实执法力量，为一线执法人员惩治“霸座”壮胆。
4. 加重处罚力度，严肃道德谴责氛围，真正让此类行为受到震慑。

出门在外，应该坚持文明出行，遵守社会公序良俗，维护法治公平，创建和谐社会。我们作为中学生，更应该以身作则。

◆ 七年级二班　田玥凌

Part 5　试一试

刘某被乘警带走后，小明得以落座。但过了一会儿，乘客李某以想要看窗外的风景为由，要求小明和他交换座位。

1. 如果你是小明，你会答应李某的要求吗？

2. 乘客在出行过程中该如何维护自己的权益呢？

（执笔人：卞莉莉）

第四单元 人格权编

人格权是民事主体对其特定的人格利益享有的权利，关系每个人的人格尊严，是民事主体最基本的权利。

在本单元的学习中，你会了解：《民法典》第四编“人格权编”中规定了机关、企业、学校等单位有防止和制止性骚扰的义务；人格权不得放弃、转让或者继承；对死者人格利益的保护等。

◆ 八年级一班 周佳崟

第一节 被他人冒名顶替（上学、上班）怎么办?

Part 1 看一看

小丽是一名来自农村的贫困学生，也是一名品学兼优的好学生，高考报名时，她选择报考师范类大学完成自己的人生梦想。然而，她迟迟没有等来录取通知书，彻底无望之后，只好前往大城市打工。

由于学历受限，只能从事一些体力工作或者在街边摆小摊，几年下来受了太多的苦。一次偶然的机会，她在人事局缴纳养老保险时发现“自己”居然已经成为一名教师，并每个月都能领取固定的工资。调查得知，原来她当年的成绩早已达到了师范类大学的分数线，但被人冒名顶替了，顶替她的人如愿当上了人民教师，实现了她当年的梦想。时光飞逝，小丽的人生早已偏离轨道。

◆ 六年级三班 姚依璐

小丽的人生和别人进行了“交换”，此时此刻她对自己的未来充满了迷茫，不知今后该怎么办？

Part 2 想一想

在小丽手足无措的时候，她马上向身边的两位朋友求助。

小陈同学认为：事情已经过去了这么多年，各自都有自己的生活，人生也不可能重来一次，只能认栽。

小张同学则认为：可以向公安机关报警，要求介入调查，讨一个公道。

你认为谁的说法正确呢？

Part 3 亮一亮

《中华人民共和国民法典》

第 1014 条　任何组织或者个人不得以干涉、盗用、假冒等方式侵害他人的姓名权或者名称权。

Part 4 讲一讲

一、深入认识冒名顶替行为

（一）什么是冒名顶替？

冒名顶替是指冒用他人的姓名，代替他人从事某种行为或窃取其权力和地位。

冒名顶替侵害的不仅是被顶替者的个人利益，更是在教育公平层面维系社会稳定的重要基石。深挖冒名顶替背后的“产业链”方能彰显法治立场与公平态度。

（二）冒名顶替方式有哪些？

冒名顶替的方式主要有两种。

一是在他人不知情的情况下，冒用他人的身份去上学，这也是舆论关注的主要情形。

二是录取后但未报到的招生指标，被他人冒名顶替去上学，这类情况主要发生在民办高校。针对不报到的原因，有关招生人员分析认为，除出国因素外，还有部分考生选择了复读。在此种情况下，部分民办高校为了避免招生指标浪费，四处寻找合适对象进行冒名顶替。

二、如何防止被人冒名顶替？

（一）保管好准考证

高考前，一定要保管好准考证，因为它是进入考场的凭证。高考后也要保管好准考证，因为到大学报到也需要准考证。不要将自己的准考证晒到网上，这样你的个人信息很容易被不法分子利用，例如，替你领成绩，甚至到大学报到。

（二）保管好身份证

要注意不能随意将身份证信息晒到朋友圈，不要觉得你对身份证号码和姓名作了模糊处理就“万事大吉”了，稍微懂得一些图像修复技术的不法分子很快可以恢复或加以改造利用。如果你的身份证和准考证一起被别人集齐了，被人顶替上大学的概率将大大增加。

（三）重设考生密码

考生号是整个高考期间使用最多的一组数字，高考成绩查询和录取结果查询都需要用到。当查询这些信息时，还需要提供自己设定的密码。

（四）不泄露考生信息

1. 志愿填报除要在网上操作外，还需要考生填写纸质表格并签字确认。同样，这些表格有你所有的重要号码和信息，也是不能晒出去的，一旦泄露，后果不可想象。

2. 成绩单或查询页面这类照片同样可能暴露考生号、姓名等重要信息，容易被“移花接木”，千万不能晒。如果非要晒，可以用文字形式，切莫轻易拍照片。

3. 录取通知书晒晒信封或封面可以，千万不能晒内文。录取通知书上有照片、姓名、身份证号、准考证号、考生号、录取专业甚至大学学号，被不法分子掌握了上述信息，即使不被冒名顶替，上大学后也会有很大概率被诈骗电话骚扰。

三、被人冒名顶替了怎么办？

山东省冠县女子陈某秀高考被人冒名顶替上了大学。对陈某秀这样的农村女孩子，上大学可以说是为数不多改变命运的方式。如果不是一直有大学梦，报名了成人高考，陈某秀可能一辈子都不知道真相。在案件中，陈某秀讨回公道的方式非常值得借鉴。

第一，确定被冒名顶替后搜集足够的证据。在学籍网站上找到顶替者的信息，与自己的信息进行对比，并到公安机关确认。

◆ 六年级三班　姚依璐

第二，寻求媒体帮助。能够盗取学籍、修改身份证与户口本上面的姓名绝非易事，背后肯定有相应的关系网，仅凭一己之力很可能被幕后的人“大事化小、小时化了”。而通过媒体的曝光，成为全国都关注的重磅新闻，能够引起相关部门的重视。

第三，起诉冒名顶替者。时过境迁，被顶替者人生的轨迹都被更改了，必须寻求一个公道，让冒名顶替者和背后的操作者承担民事责任甚至是刑事责任。

第四，向原大学申请，要求给予重读大学获得学位证书的资格，毕竟大学在招生和录取工作中也存在一定的责任。

【小 贴 士】

2020 年 6 月 20 日，山东省纪委监委、省教育厅、省公安厅等部门组成工作专班，与山东理工大学等有关单位一起，对聊城市冠县陈某秀、东昌府区王某丽被冒名顶替上学等问题进行了调查核实。目前，相关问题已经查清，并依规依纪依法对相关人员作出处理。

工作专班对群众反映的“山东省 242 人冒名顶替取得学历”问题开展调查。初步查明，上述冒名顶替问题发生于 1999 年至 2006 年，主要有被冒名顶替者完全不知情被冒名顶替、被冒名顶替者主动放弃入学资格被冒名顶替、被冒名顶替者知情并与顶替者之间存在交易行为等情形。下一步，工作专班将组织省市县专门力量，对上述问题逐人逐件进行调查处理，同时对工作中发现及群众举报的其他类似问题，坚持零容忍态度，查实一起处理一起，绝不姑息。

四、如何杜绝冒名顶替行为？

高考作为我国规模最大、参加人数最多的选拔性统一考试，是我国实现教育公平的重要工具。任何在高考中徇私舞弊的做法，都是对教育公平的侮辱与挑衅。

（一）加大招生监督检查

对有违规的招生行为，坚持零容忍态度，发现一起，查处一起。认真开展新生入学复查，对弄虚作假、考试舞弊、骗取加分资格或企图冒名顶替的新生，坚决取消其入学资格并严肃处理。对已经报到入学的学生取消其学籍，同时配合公安、纪检监察等部门一查到底，依法依纪追究有关人员的责任。加强高校招生信息的公开透明，认真落实社会监督，建立国家、地方、学校的多级招生信息公开制度。

（二）深挖彻查违规操作

冒名顶替行为操作复杂，必定有地方教育部门、学校、户籍管理部门的人员涉及其中，当地机构很难查清真相，因此，国家层面已经成立专项调查组，全面清查全国各地发生的冒名顶替案。媒体上已经曝光并引发热议的山东省冒名顶替案件，有可能只是冰山一角。调查组已开展全国彻查，对每个个案背后的违规操作链条都深挖到底，明确价值导向，彰显法治立场与公平态度，真正树立“高考顶替不可为”的红线，让参与者有敬畏之心。

（三）严查背后涉事人员

冒名顶替不仅是民事侵权行为，相关涉事人员既可能涉嫌滥用职权、玩忽职守犯罪，更有可能涉嫌伪造、变造、买卖国家机关公文、证件、印章罪，盗窃国家机关公文、证件罪，盗用身份证件罪，招收学生徇私舞弊罪等多个罪名。如果涉事工作人员存在收受贿赂等行为，还涉嫌受贿罪。

【小　贴　士】

2020 年 12 月 26 日，第十三届全国人大常委会第二十四次会议审议的《刑法修正案（十一）》通过，在《刑法》第 280 条之一后增加一条，作为第 280 条之二："盗用、冒用他人身份，顶替他人取得的高等学历教育入学资格、公务员录用资格、就业安置待遇的，处三年以下有期徒刑、拘役或者管制，并处罚金。"该修正案于 2021 年 3 月 1 日起施行。

（四）更新完善相关技术

学籍管理漏洞与录取通知机制纰漏才使冒名顶替行为有机可乘。随着科学技术的不断发展以及学籍、户籍管理制度的不断完善，未来可以通过指纹识别、人脸识别、虹膜识别增强身份认证的精准性，冒名顶替上大学的难度越来越大，操作可能性微乎其微。

◆ 六年级三班　姚依璐

冒名顶替上学、上班可以说是人世间最恶劣的盗窃。其他盗窃只是盗窃他人财物，而这是盗窃他人的美好人生。这种罪恶看似没有血腥，伤害的却是寒窗苦读学子的梦想和青春，否定的是年轻人的进取和奋斗，丑化的是政府部门的权力和公信，杀死的是社会的公平和正义。

在我们的日常学习和生活中，要保护好个人信息，以防被他人窃取。同时我们也要对身边冒名顶替事件坚决抵制，通过法律途径维护自身权益。

Part 5 试一试

1. 本节冒名顶替事件中被顶替者的后续情况如何？

2. 顶替者及其背后力量受到了怎样的惩罚？

3. 如果你是一名调查人员，你认为案件中哪些操作可以避免冒名顶替事件的发生？

4. 如果你是一名法律研究者，你认为可以对中学生增补哪些法律知识来避免冒名顶替事件的发生？

将你的想法与其他同学进行分享交流，进一步增强法律意识。

（执笔人：严　薇）

第二节　名誉权被侵犯了怎么办？

Part 1　看一看

◆ 六年级二班　钱欣妤

假期的一天，小明和妈妈来到超市，看看家里有什么物品可以添置，逛了一圈以后，觉得没什么可买的就出来了。他们刚走出超市大门，就被两名工作人员拦住。工作人员问小明：“你们是不是在超市拿了什么东西忘了付钱？”小明说：“没有。”两名工作人员不相信，继续问：“到底拿没拿？”小明仍答：“没拿。”这时，有许多购物者围观，商场工作人员将他们带到柜台前，指着收款台前贴的告示说：“我们有权检查你们的包。”该告示写的是：“收银员受商场指示，有权在收银处检查带进超市的包，请顾客协助将包打开检查。”

小明和妈妈很气愤拒不打开背包接受检查，于是，超市工作人员又将他们带到商场办公室要求检查，经检查，并未查出什么东西。工作人员又要求他们脱下大衣、摘下帽子接受检查，妈妈禁不住落了泪，经查又未查出什么东西，工作人员这才将小明和他妈妈放行。

Part 2 想一想

事后，妈妈在家里情绪低落，唉声叹气，小明在安抚妈妈的同时也心情烦闷，无心学习，于是小明打电话给他的好朋友小刚和小红，向他们寻求帮助。

小刚同学认为：超市工作人员没有搜查到任何物品，也让你们走了，那就多一事不如少一事，清者自清吧，反正问心无愧就好了。

小红同学认为：一个人的名誉是非常珍贵的，事情已经造成了很多人的围观，我们要用法律来保护自己的名誉，维护自己的合法权益，应该向公安机关报警。

你同意谁的观点？为什么？

Part 3 亮一亮

《中华人民共和国民法典》

第1024条 民事主体享有名誉权。任何组织或者个人不得以侮辱、诽谤等方式侵害他人的名誉权。

名誉是对民事主体的品德、声望、才能、信用等的社会评价。

第1025条 行为人为公共利益实施新闻报道、舆论监督等行为，影响他人名誉的，不承担民事责任，但是有下列情形之一的除外：

（一）捏造、歪曲事实；

（二）对他人提供的严重失实内容未尽到合理核实义务；

（三）使用侮辱性言辞等贬损他人名誉。

第1026条 认定行为人是否尽到前条第二项规定的合理核实义务，应当考虑下列因素：

（一）内容来源的可信度；

（二）对明显可能引发争议的内容是否进行了必要的调查；

（三）内容的时限性；

（四）内容与公序良俗的关联性；

（五）受害人名誉受贬损的可能性；

（六）核实能力和核实成本。

第 1027 条 行为人发表的文学、艺术作品以真人真事或者特定人为描述对象，含有侮辱、诽谤内容，侵害他人名誉权的，受害人有权依法请求该行为人承担民事责任。

行为人发表的文学、艺术作品不以特定人为描述对象，仅其中的情节与该特定人的情况相似的，不承担民事责任。

第 1028 条 民事主体有证据证明报刊、网络等媒体报道的内容失实，侵害其名誉权的，有权请求该媒体及时采取更正或者删除等必要措施。

Part 4 讲一讲

一、在公共场所受到他人的侮辱和诽谤应怎么办？

让我们一起来学习两则法律案例。

1. 案例一

有一天，小明妈妈下班路过小区运动休闲场地，听到某邻居说道：“你们知道吗？我们这个楼层 302 住户小明的妈妈经常虐待老人，我晚上经常听到他们家老人大叫大哭呢！简直就是道德沦丧，不配为人母。”

小明的妈妈觉得特别委屈，没有这回事呀！他们说的不是事实！

结合《民法典》第 1025 条的规定，这名邻居的言论已经触犯了《民法典》

中对名誉权的保护条款。

2. 案例二

小明爸爸正参加同学聚会，饭桌上某同学说："小明爸爸，我看到电视台报道你因为敲诈勒索被公安机关抓进去了，是真的吗？"

◆ 六年级二班 钱欣妤

小明爸爸马上说："没有的事情，我每天很正常的上下班呀！你在哪里的新闻媒体看到的呢？可以告诉我吗？"

《民法典》第1028条规定，民事主体有证据证明报刊、网络等媒体报道的内容失实，侵害其名誉权的，有权请求该媒体及时采取更正或者删除等必要措施。

新闻报道具有时效性，如果在受害人请求更正不实报道后，媒体及时作出更正，可以最低限度地减少对人格权的侵害，减轻不实报道对社会公众评价的影响。因此，如果报刊、网络等媒体报道的内容失实，侵害他人名誉权，受害人有权请求该媒体及时采取更正或者删除等必要措施。如果媒体没有及时采取措施，受害人有权请求人民法院责令该媒体在一定期限内履行。

二、艺术作品含有侮辱和诽谤内容，侵害名誉权的怎么办？

《手机》是2003年冯小刚导演的电影，电影中有一个桥段是，葛优饰演的主持人因为出门忘带手机而被妻子发现出轨的秘密，这跟当时崔永元主持的

《实话实说》桥段很相似，很多观众认为影片中主人公出轨是在影射崔永元，崔永元为此饱受困扰。尽管导演冯小刚和编剧刘震云都坚决否认这两者有任何关联，但崔永元还是表示此事“对自己造成很深伤害”。

◆ 六年级二班　钱欣妤

结合《民法典》第 1026 条和第 1027 条的规定，行为人发表的文学、艺术作品不以特定人为描述对象，仅其中的情节与该特定人的情况相似的，不承担民事责任。

那么，侵害名誉权的立案标准是什么呢？律师认为，被侵害的对象应当是特定的人。所谓特定的人，是指某个具体的自然人或法人。如果没有特定的人，则在法律上就不存在所谓的受害人了。但是，如果某些文学作品在描写中对特定的人进行了侮辱或诽谤，虽然使用的是代号或假名，但读者一看便可知晓其所指的对象是谁，这显然不能因作者使用代号或假名而否定侵权。因此，如果所指定的对象是特定环境、特定条件下具体的人，即使没有指名道姓，同样可以构成对他人名誉权的侵害。

在后果层面，侵权人的行为对受害人的名誉造成了较严重的损害，使受害人感受到一种不公正的社会压力或心理负担，精神上受到折磨，心理上遭受创伤。必须强调的是，这种不公正的社会压力、心理负担或精神上受到的折磨必须是客观实在的东西，而不仅是受害人主观上的感受，也就是说，某人的名誉仅指公众的社会评价，而不是该人对其内在价值的自我评价。因此，行为人的某些行为如果没有造成受害人的社会评价降低，则不构成对名誉权的侵害。

三、青少年网络名誉侵权案数量增长

网络生活成为青少年日常生活中密不可分的一部分，但有时也在不经意间侵犯了网络名誉权。

【小 贴 士】

2019 年 12 月 27 日，人民网发文《青少年网络名誉侵权数据走高　构筑良好生态需各方合力》。其中提及 34 位明星起诉网友侵害名誉权登上微博热搜榜，截至 2019 年 12 月 23 日，阅读量达 3.2 亿次，讨论量达 4.7 万次。所审理的艺人诉网民侵权名誉权案件中，七成被告为青少年，其中年龄最小的为 19 岁，案件多因“粉丝骂战”引起。部分“饭圈”用语成网络名誉侵权的“主力”。被告呈现逃避诉讼的特征显著，法律意识淡薄且存在侥幸心理。2019 年 1 月 1 日至 11 月 30 日，北京互联网法院共收案 41,948 件，其中，网络名誉权侵权纠纷 1075 件，经调研，以青少年为涉嫌侵权主体（案件被告）。

就中学生而言，法律看起来似乎离我们很遥远，其实法律就在我们身边。有时同学的一个玩笑或一个举动，就可能触犯法律，只是我们没有意识到。我们既要懂得运用法律的手段来保护自己，维护自己的合法权利，也要懂得运用法律知识来克制自己，避免做出违法的事情。让我们一起来学习法律知识，树立法律意识，用法律知识武装自己，做个“知法、懂法、守法、用法”的合格中学生。

所以，名誉权对我们个人来说是必须要保护的权利，而且这种权利也是可以自己来维护的，在受到别人伤害的时候一定要利用法律的途径进行保护。同时，我们还可以求助于老师，求助于法律援助部门，以得到他们的帮助。

同学们，保护自己是成长的第一步。维护自己的合法权益，是自己一生的责任！

◆ 六年级二班 钱欣妤

Part 5 试一试

尝试以“对网络言论失范行为坚决说‘不’”为题，撰写一份倡议书，并与同学们和老师分享。

（执笔人：张 膺）

第三节 肖像权被侵犯了怎么办?

Part 1 看一看

◆ 七年级三班 周涵茜

小明的爸爸最近比较烦恼，为了减肥，在工作之余报名参加了健身俱乐部的减肥训练。他的健身教练把小明爸爸健身前后胖瘦的对比照片擅自转发，用作健身房的宣传广告，给小明爸爸的日常生活和工作带来了困扰。小明爸爸先后几次和健身教练沟通，希望撤下照片，但是健身教练都以各种借口拒绝撤下宣传广告，导致小明爸爸情绪沮丧，影响了正常工作和生活。

Part 2 想一想

小明把这件烦心事和同学们分享了之后，获得两种不同的回应。

小红同学认为：你爸爸参加健身以后确实瘦了很多，教练用的照片是事实，也没有丑化本人。

小张同学则表示：照片没有经过本人的同意，构成了侵权，应当维护自己的合法权益，向公安机关报案。

说一说：你同意谁的观点？为什么？

Part 3 亮一亮

《中华人民共和国民法典》

第 1018 条 自然人享有肖像权，有权依法制作、使用、公开或者许可他人使用自己的肖像。

肖像是通过影像、雕塑、绘画等方式在一定载体上所反映的特定自然人可以被识别的外部形象。

第 1019 条 任何组织或者个人不得以丑化、污损，或者利用信息技术手段伪造等方式侵害他人的肖像权。未经肖像权人同意，不得制作、使用、公开肖像权人的肖像，但是法律另有规定的除外。

未经肖像权人同意，肖像作品权利人不得以发表、复制、发行、出租、展览等方式使用或者公开肖像权人的肖像。

第 1020 条 合理实施下列行为的，可以不经肖像权人同意：

（一）为个人学习、艺术欣赏、课堂教学或者科学研究，在必要范围内使用肖像权人已经公开的肖像；

（二）为实施新闻报道，不可避免地制作、使用、公开肖像权人的肖像；

（三）为依法履行职责，国家机关在必要范围内制作、使用、公开肖像权人的肖像；

（四）为展示特定公共环境，不可避免地制作、使用、公开肖像权人的肖像；

（五）为维护公共利益或者肖像权人合法权益，制作、使用、公开肖像权人的肖像的其他行为。

第 1021 条 当事人对肖像许可使用合同中关于肖像使用条款的理解有争议的，应当作出有利于肖像权人的解释。

第 1022 条 当事人对肖像许可使用期限没有约定或者约定不明确的，任何一方当事人可以随时解除肖像许可使用合同，但是应当在合理期限之前通知对方。

当事人对肖像许可使用期限有明确约定，肖像权人有正当理由的，可以解除肖像许可使用合同，但是应当在合理期限之前通知对方。因解除合同造成对方损失的，除不可归责于肖像权人的事由外，应当赔偿损失。

Part 4 讲一讲

一、《民法典》对肖像权的规定

人格权独立成编是《民法典》的一大亮点，彰显了我国对人的尊重与保护。该编极大地充实和丰富了肖像权保护的内容。

（一）肖像的定义与保护标准

《民法典》第 1018 条第 2 款将肖像定义为“通过影像、雕塑、绘画等方式在一定载体上所反映的特定自然人可以被识别的外部形象”。据此，首先，肖像需固定在一定的物质载体上，这也是肖像权区别于名誉权、荣誉权、隐私权等其他精神性人格权的重要特征；其次，肖像系外部形象，但不限于面部容貌，侧脸以及体貌、背影、局部特写乃至漫画在符合条件的情况下均可获得肖像权的保护；最后，肖像权的保护建立在满足可识别性标准的基础上，即得以在外部形象与特定自然人之间建立对应联系，此种联系成立与否具体可综合该外部形象呈现的方式、场合、所附文字以及权利人的知名度、社会交往范围等因素予以认定。

（二）肖像权的双重属性与权利内容

因肖像具有固定于物质载体的属性，故肖像权除具有精神利益外还具有财产利益。权利人可通过许可合同等方式取得肖像权的商业化利益。承认肖像权兼具人身与财产的双重属性，从而将商业化利用纳入肖像权内容予以保护，我国《民法典》对肖像权的双重属性予以了肯定。

依据《民法典》第1018条第1款及第1019条第1款，肖像权的积极权能包括依法制作、使用、公开或者许可他人使用肖像，侵害肖像权的行为包括丑化、污损或利用信息技术手段伪造肖像等，以及未经肖像权人同意制作、使用、公开其肖像。

同时，针对肖像许可使用合同这一肖像权商业化利用的主要方式，《民法典》第1021条及第1022条规定了有利于肖像权人的解释规则以及合同解除权。

二、照片发布在学校宣传海报或者通缉令上是否构成侵权？

某校举办运动会，王某参加800米跑步获得第一名，在运动会上学校拍了一些王某和其他获奖同学的照片，并且把这些照片发布在学校的宣传海报上作为宣传，王某认为学校发布照片没有经过他本人同意，学校侵犯了他的肖像权，把学校告上了法庭。

结合《民法典》第1020条的规定，学校使用王某的照片不构成侵权。

三、当事人对肖像许可使用期限怎么规定？

2005年8月，著名电影演员陈某与一家化妆品公司签订了形象代言活动，合同期限为5年。2008年4月，化妆品公司被消费者以产品质量问题告上法庭，认为化妆品公司在产品中使用了有害物质，要求该公司赔偿。陈某知道了这个情况以后，于2008年7月单方面发函要求与化妆品公司终止品牌代言活动，化妆品公司没有答复，仍然继续使用。2009年5月，陈某发现化妆品公司在电视广告中还在使用自己的照片和视频进行产品代言，陈某一纸诉状把化妆品公司告上法庭。

《民法典》第1022条明确规定，当事人对肖像许可使用期限没有约定或者约定不明确的，任何一方当事人可以随时解除肖像许可使用合同，但是应当在合理期限之前通知对方。当事人对肖像许可使用期限有明确约定，肖像权人有正当理由的，可以解除肖像许可使用合同，但是应当在合理期限之前通知对方。因解除合同造成对方损失的，除不可归责于肖像权人的事由外，应当赔偿损失。

《民法典》第1021条规定，当事人对肖像许可使用合同中关于肖像使用条款的理解有争议的，应当作出有利于肖像权人的解释。

当遇到肖像权被侵犯的情况时，我们应该如何维权呢？

【小 贴 士】

如果侵犯肖像权的行为导致很严重的后果，权利人可以要求侵权人停止侵权，并且有权要求侵权人对自己赔偿精神损失费用，如果行为人对权利人的请求不予理睬，权利人可以行为人侵犯自己的肖像权为由，起诉至法院。

现实生活中肖像的制作、使用、公开行为甚为普遍。未经本人同意，任何人不得擅自使用、侮辱其肖像。警方有权保留使用权。如果受害者的肖像被擅自使用，可先协商，如拒不撤销者，可依法起诉，申请司法保护，维护自己的合法权益。

Part 5 试一试

如果你的好朋友因为近期遇到肖像权侵权问题而感到很难过、很沮丧，你会怎么做？请与同学们和老师分享。

（执笔人：张　膺）

第四节 哪些信息属于法律保护的个人信息?

Part 1 看一看

“我最近经常会接到一些莫名其妙的推销电话，对方不但能准确说出我的名字，还能知道我做的一些事情。”王女士最近遇到了“糟心事”。两年前她在某网贷平台借了 1 万多元的贷款，已按时还清。但时隔两年，依然有人向她推销贷款，更为“恐怖”的是，最近突然有人开始向她及身边的朋友、亲戚拨打催债的电话，王女士感觉受到了骚扰，更担心亲戚朋友上当受骗。王女士通过“12321 受理中心”公众号对这些骚扰电话的号码进行了举报，并表示想知道他们是怎么知道个人信息的。

◆ 七年级二班 包耘纤

Part 2 想一想

这起事件是王女士个人信息泄露被不法分子利用引发的，那么在生活中，我们的个人信息是否受到法律的保护？个人信息在什么时候会被泄露？有哪些方法可以用于保护个人信息呢？

Part 3 亮一亮

《中华人民共和国民法典》

第 1032 条 自然人享有隐私权。任何组织或者个人不得以刺探、侵扰、泄露、公开等方式侵害他人的隐私权。

隐私是自然人的私人生活安宁和不愿为他人知晓的私密空间、私密活动、私密信息。

第 1033 条 除法律另有规定或者权利人明确同意外，任何组织或者个人不得实施下列行为：

（一）以电话、短信、即时通讯工具、电子邮件、传单等方式侵扰他人的私人生活安宁；

（二）进入、拍摄、窥视他人的住宅、宾馆房间等私密空间；

（三）拍摄、窥视、窃听、公开他人的私密活动；

（四）拍摄、窥视他人身体的私密部位；

（五）处理他人的私密信息；

（六）以其他方式侵害他人的隐私权。

Part 4 讲一讲

一、保护个人信息刻不容缓

依据我国相关法律的规定，个人信息泄露的，由谁来赔偿要依据是谁泄露个人信息而定，商家泄露的，由商家承担责任；平台泄露的，由平台承担责任。

◆ 七年级二班　包耘纤

向特定人提供公民个人信息以及通过信息网络或者其他途径发布公民个人信息的，未经被收集者同意，将合法收集的公民个人信息向他人提供的，均属于违法行为。

网络服务提供者拒不履行法律、行政法规规定的信息网络安全管理义务，经监管部门责令采取改正措施而拒不改正，致使用户的公民个人信息泄露，造成严重后果的，以拒不履行信息网络安全管理义务罪定罪处罚。

【小　贴　士】

个人信息泄露的危害多

1. 垃圾短信源源不断。
2. 骚扰电话接二连三。
3. 垃圾邮件铺天盖地。
4. 冒名办卡透支欠款。
5. 案件事故从天而降。
6. 不法公司前来诈骗。
7. 冒充公安要求转账。
8. 坑蒙拐骗乘虚而入。
9. 账户钱款不翼而飞。
10. 个人名誉无端损毁。

二、《民法典》如何保护个人信息？

自《民法典》正式实施后，全国首例适用《民法典》的个人信息保护民事公益诉讼案件在杭州互联网法院依法公开审理宣判。

自2019年2月起，该案中的被告孙某以人民币3400元的价格，将自己从网络购买、互换得到的4万余条含自然人姓名、电话号码、电子邮箱等的个人信息，通过微信、QQ等方式贩卖给案外人刘某。刘某在获取相关信息后用于虚假的外汇业务推广。

未经他人许可，在互联网上非法买卖个人信息，导致众多不特定人员的信息长期面临受侵害的风险，公诉人据此提出民事诉讼，并请求判定孙某依法承担赔偿损失、赔礼道歉等民事责任。在一审宣判中，法院判决由孙某支付侵害社会公共利益的损害赔偿款34,000元，专门用于信息安全保护或个人信息保护等公益事项，并在《浙江法制报》向社会公众刊发赔礼道歉声明。

三、我们应该如何保护个人信息？

1. 保护身份证号码、银行卡号、密码及其他个人隐私信息，不要随意将这些信息通过邮件、短信或电话告诉别人，无论你认为这个人多么可靠。

◆ 七年级二班　包耘纤

2. 保护私人电脑和手机安全。如通过安装防火墙等方式，阻止入侵者远程访问个人计算机和手机；使用复杂密码，提高黑客破解密码难度。不用电脑时，一定要关机。

3. 合理清理“信息垃圾”。丢掉含有私人信息的文件前，先清理个人隐私。

4. 仔细阅读银行对账单、账单及信用卡报告，确认没有可疑交易。

5. 网上购物需要注意，在输入信用卡和个人信息之前确认网站是否安全。

6. 如果发现有人利用你的个人信息损害你的任何权益，应立刻报警。

现实社会中，随着技术的发展，远距离拍摄、无人机跟踪拍摄、针孔拍摄、透视拍摄等侵犯个人隐私及个人信息的手段层出不穷，而监控采集设备、可穿戴设备、应用程序采集等手段，更是广泛收集了个人隐私信息及敏感信息。手机应用擅自读取用户通讯录信息、网络信用平台滥用个人征信数据等事件也屡见不鲜。还有购房登记个人信息后，接到了各种装修公司多达上百个骚扰电话，装修公司不仅有你的手机号、微信号，甚至还能精确地说出业主的姓名、楼层、户型等信息。使用视频 App 时，有些 App 会获取微信好友信息并推送好友发布的视频……

面对“人肉搜索”、垃圾短信、电信诈骗等现象，《民法典》确认和保障与个人信息有关的人格权益，并规定个人信息利用的基本规则，让个人信息使用有法可依，将有效遏制过度收集个人信息的乱象，保护我们无处安放的隐私，给予我们更多的安全感。

Part 5 试一试

随着信息时代的到来，个人信息的安全已经变得十分重要。请同学们开展一次“个人信息通过哪些途径被泄露”的讨论，完成一份小报告，并以此绘制系列漫画，在学校和社区进行布展，向身边更多的人普及如何保护个人信息的安全。

（执笔人：杨佳琦）

第五单元　婚姻家庭编

家庭是社会的细胞，家庭的稳定决定了社会的稳定，而婚姻家庭制度便是规范夫妻关系和家庭关系的基本准则。

在第五单元的学习过程中，你可以了解到《民法典》第五编“婚姻家庭编”中规定了“婚姻家庭受国家保护”，并将“树立优良家风，弘扬家庭美德，重视家庭文明建设”入法等。

◆ 七年级二班　郭雨彤

第一节　抚养、教育子女，夫妻双方是否享有平等的权利和义务？

Part 1 看一看

小明是一名七年级学生，上课注意力不集中，经常与同学说悄悄话，或者睡觉。家庭作业要么抄同学的，要么索性不交。放学后，经常拿零花钱请同学们吃吃喝喝，甚至倡议班级男生抽烟等。

◆ 七年级三班　孙艺铭

◆ 七年级一班　毛婧娴

班主任家访发现：小明的爸爸是公司主管，平时早出晚归。他在物质上尽量满足孩子的要求，但对小明的学习、日常生活等不闻不问。小明的妈妈有自己的工作，觉得自己的责任就是让孩子吃好、穿好，身体健康就可以了。

Part 2 想一想

班主任家访了解情况，发现小明的父母都觉得自己尽到了抚养教育孩子的义务，认为孩子目前的“不良”表现是对方的责任，夫妻俩当着班主任吵了起来。

小明爸爸表示：我主要负责家里的经济开支，小明没教育好就是妈妈的问题。

小明妈妈表示：父亲对孩子的陪伴和管教也必不可少。

你怎样看待小明父母相互推诿的行为？

Part 3 亮一亮

《中华人民共和国民法典》

第 1058 条　夫妻双方平等享有对未成年子女抚养、教育和保护的权利，共同承担对未成年子女抚养、教育和保护的义务。

第 1068 条　父母有教育、保护未成年子女的权利和义务。未成年子女造成他人损害的，父母应当依法承担民事责任。

Part 4 讲一讲

一、抚养教育孩子，夫妻该如何共同承担义务?

夫妻双方平等享有对未成年子女抚养、教育和保护的权利。让我们一起来学习两则案例。

1. 案例一

初中生小陆平日主要是母亲负责生活起居和学习。不知何时小陆玩游戏上瘾，母亲各种规劝，他依然执迷不悟。马上进入初三，母亲下定决心没收小陆的手机。父亲觉得母亲小题大做，家庭大战由此爆发。

母亲说："这事归我管，你别插手。"父亲说："凭啥我不能管?"母亲说："我生的，我说了算。"父亲说："跟我姓，我儿子，我说了算。"最后夫妻大打出手，惊动了"110"。

警察教育父母双方，夫妻在婚姻家庭关系中地位平等，平等地行使法律规定的权利，共同承担家庭和社会责任，对未成年子女抚养、教育和保护也是如此。按照谁的意见进行抚养教育，要结合孩子的需要，夫妻互相补充形成家庭责任和分工。

2. 案例二

李先生与曹女士结婚后，先后生育一女一子。但随着二宝的诞生，家里的矛盾变多了。老大争宠，老二也抢着要关心。两个孩子还经常争吵打闹，让李先生与曹女士很头疼。

◆ 七年级三班　孙艺铭

◆ 七年级一班　毛婧娴

曹女士无意间发现，一看动画片，俩孩子就消停下来，且关系很融洽。夫妻俩觉得找到了抚养教育孩子的法宝。经常是爸爸、妈妈躺着刷手机，儿子、女儿挤在一起用手机看动画片。家庭氛围十分和谐。

专家指出，夫妻俩这样的“协作带娃”不可取。儿童教育是指对儿童进行德育、智育、体育等方面的培养和训练。儿童或少年在思想、性格、智力、体魄等方面的可塑性很强。儿童教育是整个教育事业的重要基础，父母不能图省事，用不恰当的方式教育孩子。

二、父母是“熊孩子”的“背锅侠”吗?

未成年人在成长过程中难免犯错，有的父母之所以不主动承担教育义务，就是不想成为“熊孩子”的“背锅侠”。让我们再来学习两则案例。

1. 案例一

吴某12岁的儿子小波活泼好动，经常会给父母带来一些“小麻烦”。有一天，小波写完作业后，到楼下与小伙伴一起玩耍，游戏过程中不小心将小伙伴小雪推倒，造成小雪小腿擦伤流血。小雪父母赶紧将小雪送去医院治疗。第二天，小雪家长找到小波父亲吴某，说要小波承担医疗费用。吴某觉得小朋友一起玩耍碰撞很正常，何况小波才12岁，无须承担责任。

律师认为，吴某的理由不成立。法律明确规定，民事权益受到侵害的，被侵权人有权请求侵权人承担侵权责任。因此，小雪有权要求赔偿。但是，由于小波尚未成年，属于限制行为能力人，按照规定，小波侵害他人权益需要赔偿的，由其监护人即小波的父母承担损害赔偿责任。依照法律规定，赔偿的费用主要包括医疗费、护理费、交通费、误工费等。如果小波有自己的财产，则可以从其财产中支付，不足部分由小波的父母承担。如果小波没有任何财产，则所有的赔偿费用均由小波的父母支付。

2. 案例二

一日，苏小小（化名）在小区门口活动广场玩滑板，当她双脚站在静止的滑板上准备喝牛奶时，11岁的李小明（化名）在苏小小身后突然踩了滑板一脚，导致苏小小重心失衡后摔倒，右胳膊受伤，需住院手术治疗。事后，苏小小父母多次与李小明父母协商赔偿事宜未果，因此诉至法院。

一审法院经审理认为，行为人因过错侵害他人民事权益，应当承担侵权责任。李小明踩踏苏小小站立的滑板致其受伤，对苏小小的损害结果有过错，应承担赔偿苏小小相应经济损失的民事责任，但因李小明系限制民事行为能力人，且无独立财产，故应由其父母承担民事责任，判决李小明父母向苏小小赔偿各项损失共计1.57万元。李小明家人不服，上诉至中院。

依照《民法典》的规定，无民事行为能力人、限制民事行为能力人造成他人损害的，由监护人承担民事责任。监护人尽了监护责任的，可以适当减轻民事责任。本案中李小明系限制民事行为能力人，故由其父母承担民事赔偿责任。

三、正确教育引导孩子，营造家庭和谐氛围

孩子的健康成长离不开父母的辛勤付出，离不开一个温馨和睦的家。父母对孩子的抚养义务，包括满足物质生活需求和提供良好的教育与引导。这些爱的关怀，都是孩子身心健康成长所必需的，也是法律所要求的。《民法典》对青少年的保护贯穿始终，例如，成年人监护制度等都体现了对青少年群体特别的关爱。

作为父母更应该营造和谐的家庭氛围，正确教育引导孩子，平等地履行法律规定的权利和义务。抚养是指父母抚育未成年子女成长，并为他们的生活、学习提供一定的物质条件。教育是指父母按照法律和道德要求，采取正确的方法，对未成年子女进行教导，并对其行为进行必要的约束，确保其健康成长。保护是指父母应当保护未成年子女的人身安全和合法权益，预防和排除来自外界的危害，使其身心处于安全状态。

【小 贴 士】

建议父母：

（1）父母每天花半个小时和孩子交流，多听听孩子的声音。

（2）当学习生活中遇到困难，父母要和孩子一起想办法解决。

(3) 父母不但要关心孩子的身体健康、学习兴趣，更要关注孩子的情感需要。

(4) 夫妻间应该互相谦让，相互谅解，孩子的教育是需要父母双方团结协作的。

建议孩子：

(1) 孩子要多和父母沟通交流。

(2) 我们要感恩和理解家人：用“谅解法”处理父母的“善意”过失。

(3) 孩子要关心体贴父母：父母不和时，要聪明机灵地化解。父母生病时，一杯水、一句话、一些简单的小家务，都会带来意想不到的欢乐。

Part 5 试一试

◆ 七年级三班　孙艺铭

◆ 八年级一班　周佳崟

“家”在中国人的观念中有非常特殊的位置，《民法典》高度重视“家”在我国社会秩序中的重要地位，更加注重对家庭关系的保护，明确了夫妻双方在子女抚养、教育和保护等方面享有平等的权利与义务，不仅有利于全面保护子女的权益，还能促进家庭和谐。

针对以下的情境，请你思考并给出一些合理建议：

（1）如果你的父母最近因为教育你而争吵，你会如何劝解自己的父母？

（2）作为中学生，为创建和谐的家庭氛围，我们能做些什么呢？

（执笔人：谢　江）

第二节　离婚时如何确定子女抚养权的归属?

Part 1 看一看

2005 年 3 月 26 日，吴某（男）和郑某（女）登记结婚，婚初感情尚好。2006 年 8 月 21 日，女儿小吴出生，现在读初中二年级。近年来，在共同生活中，吴某和郑某常因家庭琐事产生矛盾、发生纠纷，甚至大打出手，严重影响了夫妻之间的感情。2019 年 5 月 3 日，吴某提出离婚诉讼请求，主张未成年的女儿小吴应由其抚养。郑某同意离婚，但对未成年女儿小吴的抚养权问题提出异议。父母双方都在征询小吴意见，希望小吴和自己一起生活。但是，小吴不希望自己父母离婚，心里非常难过。

◆ 七年级四班　王雅纶

Part 2 想一想

小吴和父母感情都很深厚，不知道如何选择与谁一起生活，于是向身边的两位闺蜜求助。闺蜜小陈同学认为，你是女生，妈妈也是女生，一起生活会比较方便，应该选择和妈妈在一起；闺蜜小张同学则认为，与妈妈一起生活会加重妈妈生活和经济的负担，可以选择和爸爸一起生活，平日多看看妈妈。

你同意谁的说法？为什么？

Part 3 亮一亮

《中华人民共和国民法典》

第 1077 条 自婚姻登记机关收到离婚登记申请之日起三十日内，任何一方不愿意离婚的，可以向婚姻登记机关撤回离婚登记申请。

前款规定期限届满后三十日内，双方应当亲自到婚姻登记机关申请发给离婚证；未申请的，视为撤回离婚登记申请。

第 1084 条 父母与子女间的关系，不因父母离婚而消除。离婚后，子女无论由父或者母直接抚养，仍是父母双方的子女。

离婚后，父母对于子女仍有抚养、教育、保护的权利和义务。

离婚后，不满两周岁的子女，以由母亲直接抚养为原则。已满两周岁的子女，父母双方对抚养问题协议不成的，由人民法院根据双方的具体情况，按照最有利于未成年子女的原则判决。子女已满八周岁的，应当尊重其真实意愿。

Part 4 讲一讲

一、法律上关于离婚和抚养权的规定

（一）离婚

离婚，是指夫妻双方通过协议或诉讼的方式解除婚姻关系，终止夫妻间权利和义务的法律行为。2021 年全国各级民政部门和婚姻登记机构共依法办理结婚登记 763.6 万对，比上年下降 49.5 万对，同比下降 6.1%。2021 年依法办理离婚手续的共有 213.9 万对，比上年减少了 159.4 万对，同比下降 42.7%。

（二）抚养权

抚养权，是指父母对子女的一项人身权利，抚养权有婚生的抚养与非婚生的抚养之分。拥有该权利的一方或双方，在子女成年之前有权决定是否与子女共同生活，该权利在子女成年时即消灭。

离婚时抚养权的归属，可以双方协商，一旦协商不成，则由法院判决。法

院判决抚养权的归属，一般根据有利于子女成长原则，主要考虑以下因素：夫妻双方的学历、工作、收入、年龄、家庭环境以及子女的年龄等。

（三）继父母对继子女的抚养权

继父母和继子女之间的关系和一般的父母子女关系不同，具有姻亲关系和教育抚养关系，但不具备血缘关系，这种权利和义务是可以解除的。因此，生父与继母或生母与继父离婚时，生父（母）和继母（父）都要求抚养该子女的，抚养权归生父母所有。生父与继母或生母与继父离婚时，对曾受其抚养教育的继子女，继父母不愿意继续抚养的，认为抚养关系已经解除，该子女仍由生父母抚养。

二、离婚后拒付抚养费怎么办?

虽然离婚后夫妻关系已经解除，但是法律明确规定对未成年人的抚养、教育和保护义务并不能因此中止。让我们一起学习两则真实的法律案例。

1. 案例一

张某与李某于2015年10月登记结婚，2017年3月生子张某某。婚后李某经人介绍在酒店工作，广泛交朋结友，经常通宵在外喝酒、玩乐不回家，张某与李某性格渐渐不合，问题日渐暴露，经常吵架或冷战。因此，张某委托律师诉至法院，请求法院准予原告张某和被告李某离婚，婚生子张某某由原告抚养，被告每月支付抚养费1200元，直至张某某年满18周岁时止。李某为了得到张某某的抚养权，将张某某秘密带回老家交由朋友照顾并对张某宣称找不到儿子。

◆ 七年级四班　王雅纶

依据法律规定，子女随父母生活时间长短是考虑抚养权的重要因素。生活中，有的夫妻一方在准备离婚前将子女带回老家或隐匿起来，拒绝另一方看望，以营造子女随自己生活较长的事实。这样做显然是不明智的。不顾子女的身心健康，恶意隐匿子女，造成子女随己方生活，既损害了子女利益，也侵害了对方的监护和探望权益，反而会失去抚养权。

2. 案例二

徐先生与曹女士原是夫妻，双方结婚后，初期感情较好，并生有一女。但孩子3岁时，双方因家庭琐事经常争吵，以致夫妻感情失和。曹女士以夫妻感情破裂为由起诉至法院，要求与徐先生离婚，徐先生同意了。在法院的主持下，双方达成了调解协议：双方离婚，所生之女由曹女士抚养，徐先生每月给付抚养费1000元。徐先生在支付了一年的抚养费之后，就拒绝支付孩子的抚养费，理由是他工作调动之后，收入降低，自己的生活也难以维持。

律师认为，抚养费的一般原则是双方分别抚养一个孩子时，互相不需要给抚养费；如果是一方抚养，另一方需要每月给抚养费。抚养费的数额根据当地生活水平、小孩上学生活的需要来确定，一般不超过支付者50%的月收入。

三、离婚后提出抚养权变更怎么办？

夫妻离婚后，一方或双方的抚养能力和抚养情况发生较大的变化时，均可提出变更子女抚养权的要求。让我们再学习两则真实的法律案例。

1. 案例一

洪先生与刘女士离婚之后，经法院判定，3 岁的女儿由刘女士抚养，洪先生定期支付抚养费。洪先生探视期间，发现刘女士经常外出打麻将，其行为对孩子健康成长不利，显然未对女儿尽到母亲应负的抚养义务。洪先生非常着急。

遇到这种情况，法院综合考虑原、被告双方的实际情况，从为被抚养人创造良好稳定的生活、学习、成长环境的角度出发，并征求被抚养人意愿，判定是否变更抚养关系。父母对未成年子女有抚养的义务，生而不养不仅背离父母应承担的道义和法律责任，也不利于未成年子女的健康成长。父母双方的爱，对未成年子女的成长不可或缺，无论婚姻关系是否续存，都应该共同努力为子女创造一个和谐稳定的成长环境。

2. 案例二

赵某与唐某于 2010 年 2 月登记结婚，2011 年 2 月生育男孩小赵。2014 年 10 月，赵某与唐某在民政局协议离婚，约定小赵随唐某共同生活。2014 年，唐某带小赵改嫁他人后生育一子。2016 年 5 月，唐某与赵某在法院达成调解协议，自 2016 年 6 月起小赵随赵某共同生活。

◆ 七年级四班 王雅纶

2018 年 10 月，赵某因病去世，小赵跟随其祖父母共同生活至今，2020 年 10 月，小赵分得土地补偿款 160,000 元。2021 年 2 月，唐某以小赵系其亲生儿子为由，向法院起诉要求将小赵变更为由唐某抚养。在庭审过程中，法庭征求小赵的意见，小赵当庭表示要随祖父母生活。

法律上规定祖父母对孙子女承担抚养义务的条件是：（1）孙子女的父母双方已经死亡或一方死亡，另一方确无能力抚养，或父母双方均已丧失抚养能力；（2）孙子女未成年，需要抚养；（3）祖父母具有抚养孙子女的经济负担能力。以上三个条件须同时具备，才能产生祖父母对孙子女的抚养义务。许多家庭中，由于父母未尽到抚养义务，子女是在祖父母培养、抚育下长大成人的，只要教育得当，孩子均能健康成长。

四、理性严肃地对待婚姻，构建良好家风

婚姻是非常神圣的，但在现实社会中，离婚率在逐渐增高。2019 年各个省、市、自治区数据表明，年轻人的婚姻周期更短，尤其是“80 后”“90 后”的婚姻。在离婚率数据中，“80 后”“90 后”起诉离婚率最高。根据有关年轻人离婚案件的情况分析：“80 后”“90 后”起诉离婚的比率达 51%，远远高于“70 后”

“60 后”等其他年龄段人群。裁判结果显示，“80 后”“90 后”起诉后最终离婚的比率达 61%。

因此，夫妻间应该如何理性严肃地对待婚姻才能尽量避免离婚呢？

【小　贴　士】

1. 夫妻间对待婚姻一定要忠诚，不能在结婚后还有其他非分之想。

2. 夫妻间应该充满信任，即使听到了某些风言风语，也应该相信彼此。

3. 夫妻间应该做到宽容大度，除非是原则性问题，否则不要太过较真。

4. 夫妻间要用爱来呵护对方，每个人在生活中都不容易，要互尊互爱。

幸福的婚姻是需要双方一点一滴经营的，希望同学们将来能理性面对自己的婚姻。

组建一个家庭非常不易，为了防止夫妻双方因为一时冲动而作出离婚的决定，《民法典》第 1077 条新增了有关离婚冷静期制度的规定，相应地，民政部对婚姻登记程序也作出调整，在离婚程序中增加冷静期。新调整后的离婚登记程序包括申请、受理、冷静期、审查、登记（发证）等。

随着社会交往的日益频繁以及生活节奏的不断加快，离婚率处于上升趋势，学校里的单亲子女日益增多。希望我们每一位家长、老师、同学、朋友都要关心和爱护单亲家庭的孩子，让他们能够身心健康地茁壮成长。

Part 5 试一试

1. 如果你的父母最近因为琐事经常争吵而关系紧张，有离婚征兆，你会如何劝解？

2. 如果你的好朋友因为父母正在协议离婚而感到很难过、很沮丧，你会怎么做？

（执笔人：施莉媛）

第六单元　继　承　编

继承制度是关于自然人死亡后财产传承的基本制度。《民法典》第六编"继承编"中就增加规定相互有继承关系的数人在同一事件中死亡且难以确定死亡时间的继承规则；完善代位继承制度，即侄女、侄子、外甥、外甥女可以代位继承；修改遗嘱效力规则，删除《继承法》中关于公证遗嘱效力优先的规定。

◆ 七年级二班　郭雨彤

第一节 侄子、外甥也有继承权吗?

Part 1 看一看

◆ 七年级四班 张安琪

邻居张阿婆只有一个弟弟，腿有残疾，智力也有残疾，单身了一辈子，多年来张阿婆一直悉心照顾这个弟弟，因为她说，这是她父母去世前的嘱托。年前，张阿婆不幸离世，她的儿子李叔叔接手照顾自己的舅舅。张阿婆的弟弟名下有一套房子，请问在他百年之后，李叔叔有继承权吗？

Part 2 想一想

东东查阅了《继承法》，他得出的结论是李叔叔没有继承权。

西西查阅的是《民法典》，却得出了相反的结论，李叔叔是有继承权的。

到底谁的结论是正确的呢？

Part 3 亮一亮

《中华人民共和国民法典》

第 1128 条 被继承人的子女先于被继承人死亡的，由被继承人的子女的直系晚辈血亲代位继承。

被继承人的兄弟姐妹先于被继承人死亡的，由被继承人的兄弟姐妹的子女代位继承。

代位继承人一般只能继承被代位继承人有权继承的遗产份额。

第 1158 条 自然人可以与继承人以外的组织或者个人签订遗赠扶养协议。按照协议，该组织或者个人承担该自然人生养死葬的义务，享有受遗赠的权利。

Part 4 讲一讲

一、为什么独生子无法继承父母全部遗产？

小南是父母的独生子，父亲 15 年前去世，母亲去年也过世了，父母亲生前有一套房子。现在，小南想把房屋过户到自己名下，咨询律师后才发现，他并不能继承全部房产。因为父亲过世时奶奶仍在世，她有权继承儿子的部分遗产。奶奶过世后，她的份额由大伯、二伯、姑姑等继承。

这是为什么呢？因为法律规定，配偶、子女、父母同为第一顺序的法定继承人，独生子女本就不是父母财产的唯一继承人。父母去世，房子不一定属于独生子女。

◆ 七年级四班　张安琪

如果父母想把房产全部留给子女，该怎么做呢？其实，父母在世时可以通过立遗嘱，指定由子女继承他们的房产；父母还可以办理赠与公证，将房产赠与子女。本编所称子女包括婚生子女、非婚生子女、养子女和有扶养关系的继子女。父母包括生父母、养父母和有扶养关系的继父母。兄弟姐妹包括同父母的兄弟姐妹、同父异母或者同母异父的兄弟姐妹、养兄弟姐妹、有扶养关系的继兄弟姐妹。

法律明确规定，遗产分配的原则是同一顺序继承人继承遗产的份额一般应当均等，但生活有特殊困难又缺乏劳动能力的继承人会予以照顾；对被继承人尽了主要扶养义务或者与被继承人共同生活的继承人，可以多分；有扶养能力和有扶养条件的继承人，不尽扶养义务的，不分或者少分；继承人协商同意的，也可以不均等。

二、遗产继承的方式和法律效力是怎样的？

吴爷爷请了刘阿姨到家里做保姆。为了让刘阿姨能安心留下来照顾自己，吴爷爷与刘阿姨签了一份遗赠扶养协议，协议内容是刘阿姨若能照顾吴爷爷终生，那么吴爷爷过世后房产与存款都由刘阿姨继承。此后，刘阿姨也一直尽心照顾吴爷爷。

过了几年，吴爷爷又写下多份遗嘱并公证，要将名下房产留给两个女儿。吴爷爷去世后，他的两个女儿要求刘阿姨归还父亲的房产，并诉至法院。但最终，法院判吴爷爷的房子归刘阿姨所有。

这是为什么呢？根据《民法典》第1158条的规定，自然人可以与继承人以外的组织或者个人签订遗赠扶养协议。按照协议，该组织或者个人承担该自然人生养死葬的义务，享有受遗赠的权利。该方式主要存在于老人无人赡养的情况下。从法律效力与执行顺序来看，遗赠扶养协议 > 遗嘱继承 > 法定继承，也就是说，遗赠扶养协议与其他形式的遗嘱同时存在时，无论设立的先后顺序，都以遗赠扶养协议为准。所以，在这个案例中，刘阿姨手中有遗赠扶养协议，并且也履行了协议规定的义务，所以她有接受遗赠的权利。

◆ 七年级四班　张安琪

在我国，遗产继承除上文提到的遗赠扶养协议外，还有以下三种方式：

（1）遗嘱继承，即被继承人在生前订立遗嘱，指定继承人继承自己的遗产；

（2）遗赠，即被继承人生前订立遗嘱，将遗产赠与国家、集体，或者法定继承人以外的人；

（3）法定继承，即前文提到的情形都不存在的情况下，法律根据亲属关系的远近确定继承顺序。

如果同时出现两种以上的继承方式，则在所有的继承方式中，遗赠扶养协议的效力最高，其次是遗嘱继承，效力最低的是法定继承。

三、有多份遗嘱，应该以哪份为准？

施爷爷丧妻后再婚了，再婚时有婚前房产一套。结婚5年后，施爷爷得了癌症，老伴一直尽心照顾，为了感谢老伴，他写了一份自书遗嘱，声明自己去世后房子和存款都归老伴所有。此后，由于施爷爷久病卧床，老伴变了态度。施爷爷的女儿得知后，便把他接到自己家里照顾。为了感谢女儿，施爷爷又决定把财产都留给女儿，便作了公证遗嘱。

可是好景不长，施爷爷因为与女婿闹了矛盾，就又给儿子打电话，要求住到医院疗养。住院期间，儿子每日看望照顾。弥留之际，施爷爷在两个医生面前作了口头遗嘱，将财产全部留给儿子。

◆ 七年级四班 张安琪

在这个案例中，施爷爷的遗产判决由儿子继承。这么判决的依据是什么呢？根据《民法典》的规定，遗嘱人可以撤回、变更自己所立的遗嘱。立遗嘱后，遗嘱人实施与遗嘱内容相反的民事法律行为的，视为对遗嘱相关内容的撤回。立有数份遗嘱，内容相抵触的，以最后的遗嘱为准。简言之，有多份遗嘱存在时，内容相抵触的，以最后一份遗嘱为准。

当然，遗嘱有效的前提是：当立遗嘱时，遗嘱人要有行为能力，遗嘱必须是遗嘱人的真实意思。

Part 5 试一试

与继承相对应的概念是赡养，作为未成年人，还不需要承担赡养义务。但用实际行动孝敬自己的长辈，是我们可以做到的。

列出一份清单“我可以为________（某位长辈）做的十件事”，然后在 1 个月内做完这十件事。挑战一下吧，记得同时记录下每完成一件事情之后自己的心情。

（执笔人：陈明扬）

第二节 父债需要子偿吗？

Part 1 看一看

2020 年 3 月，老花病逝，留下还在读初中的女儿小花。老花生前欠了别人 100 万元的债，去世后只留给女儿小花一套价值 60 万元的房子。小花是老花在世上唯一的亲人，失去父亲后追债人上门要求小花偿还老花生前的债务，女儿小花还只是在校初中生，不具备劳动能力。小花认为自己即使变卖了房子也没有能力偿还父亲的债务，因此不想继承父亲的遗产，也不想承担他的债务。小花痛苦万分，不知道应该怎么办。

◆ 六年级一班 王嘉扬

Part 2 想一想

小花认为自己即使变卖房产也无力偿还父亲生前的债务，与身边的两位闺蜜交流。

闺蜜小陈同学认为：作为你父亲唯一的女儿，当然应该偿还父亲遗留下来的债务，但你现在还只是初中生，要等将来慢慢还。

闺蜜小张同学则认为：只要将房子卖掉，把能还的还上就行了，你父亲的债务是他欠下的，与你无关。

你认为谁的说法正确呢？

Part 3 亮一亮

《中华人民共和国民法典》

第 1159 条 分割遗产，应当清偿被继承人依法应当缴纳的税款和债务；但是，应当为缺乏劳动能力又没有生活来源的继承人保留必要的遗产。

第 1161 条 继承人以所得遗产实际价值为限清偿被继承人依法应当缴纳的税款和债务。超过遗产实际价值部分，继承人自愿偿还的不在此限。

继承人放弃继承的，对被继承人依法应当缴纳的税款和债务可以不负清偿责任。

第1163条 既有法定继承又有遗嘱继承、遗赠的，由法定继承人清偿被继承人依法应当缴纳的税款和债务；超过法定继承遗产实际价值部分，由遗嘱继承人和受遗赠人按比例以所得遗产清偿。

Part 4 讲一讲

一、无执行能力的孩子继承了债务会如何？

在“看一看”案例的后续故事里，当整理父亲的遗物时，小花发现了一本集邮册，想起了小时候父亲带她集邮的那些日子。小花希望可以保留这本集邮册，但是又担心会不会因为继承了它，就要承担父亲生前的那些债务？小花还担心父亲的房子变卖用于抵债以后，自己没有了容身之所，将来的生活该怎么办？

律师认为，小花作为父亲遗产的第一继承人，当然也可以放弃继承，但由于受到与父亲充满回忆的集邮册的牵绊，她想只要这本册子。那么就需要对该集邮册的市场价值进行评估，将与其所得遗产（这本集邮册）实际价值同等的钱款偿还给父亲的债务人，但仅以此为限，不会要求她给付更多。同时，由于小花作为一名缺乏劳动能力又没有生活来源的继承人，法律范围内可以为她保留必要的遗产以供生存所需。所以，“父债子还”，继承多少，最多就偿还多少，不会因为继承支出额外费用。

那么，就更多没有执行能力的孩子而言，继承了债务之后会如何呢？让我们学习一则真实的案例。

9 岁女童陈蔓的父亲生前欠下大额债务，债权人要求陈蔓卖房偿还。陈蔓父亲曾把房产以 69 万余元卖给了王某，但王某交了 55 万元购房款后，房子没能过户。2018 年，王某请求判令解除合同，归还购房款，得到法院支持。因陈蔓无力偿还 55 万元，法院对其发布限制消费令。

2020 年 12 月 16 日凌晨，河南省郑州市某区人民法院在微博发布致歉声明称，“现在，我们郑重地对大家说一声：我们错了！对未成年人发出限制消费令不符合相关立法精神和善意文明执行理念，我院已依法解除了限制消费令。”某区人民法院表示，儿童健康成长高于一切。个别执行人员机械司法，造成了很不好的社会影响。在今后的工作中，应牢固树立审慎、善意、文明的执行理念，把保障未成年人健康成长放在最优先的位置，追求情、理、法相统一的司法目标，公平保护申请执行人和被执行人的合法权益。

郑州市某区人民法院依法解除了对 9 岁女童的限制消费令后，仍有很多人感觉疑惑：判 9 岁女孩负担父亲留下的债务，这个判决本身是否合理呢？55 万元是她父亲的欠款，而她继承了遗产，就有偿还欠款的义务，如果她放弃遗产继承权，就不需要偿还这笔欠款。从法律的角度来说，在行使继承遗产的权利后，权利和义务对等，从而也就对负债有了责任。但是，本案中，女童缺乏劳动能力又没有生活来源，因此法院为她保留了必要的遗产。

二、生前债务用于家庭开支，是否需要偿还？

彭某的父亲为家庭开支于2019年向某银行贷款3万元，彭某一直与父亲同住，直至父亲去世时也没有偿还完毕贷款。某银行于2020年向彭某催收后，因彭某家境多舛不能按期归还，遂起诉至法院。办案人员了解到彭某家中确实贫困，且本人二级残疾。虽然父亲已故去，彭某却并未以此为由拒绝偿还，他表示自己家虽然困难，但愿意偿还该笔贷款，请求法庭给予一定宽限期。后经承办法官与某银行沟通，鉴于彭某家境困难，某银行同意彭某分期偿还本金并自愿放弃利息请求。至此，该案以调解方式结案。

律师强调，法律上没有父债子偿的规定。所谓的父债子偿是有条件的，一般情形是指父亲去世后，其生前欠下了债务，债权人在主张债权的时候，会找继承人主张，如果被继承人遗留合法财产，继承人负有用父亲的遗产偿还债务的义务和责任，遗产有余额的，继承人可以依法继承，但如果遗产不足以偿还债务的，继承人不能继承遗产但也无承担债务的义务。

有两种情况必须父债子还。一是父母的借款用于家庭成员的共同生活。这笔债务就不能被认为是父母的个人债务，应当由家庭成员共同偿还。二是子女不尽赡养义务。如果是因为子女不尽赡养义务，迫使父母为了维持生活而借债，则无论债务大于还是小于遗产，子女都要承担其清偿债务的义务。

三、理性看待债务问题，构建诚信、和谐社会

债务问题往往涉及好几个家庭的共同利益和幸福生活。一般债务纠纷的诉

讼时效为3年，从债权人最近一次要求债务人还债的日期算起；超过3年，不予保护。3年内债务人未还债的，债权人可以到人民法院提起诉讼。但3年内债务人未还，债权人既没有要求债务人还债，也未向人民法院提起诉讼，超过诉讼时效，人民法院不予保护。

◆ 六年级一班　王嘉扬

无论是《民法典》还是已失效的《继承法》，我国均无父债子还等类似规定。如果被继承人生前负债，只有其继承人继承其遗产后，才有义务负责偿还，偿还的范围也仅以继承遗产的实际价值为限，但继承人自愿偿还的除外；如果继承人放弃继承，则对被继承人的债务不负清偿责任。

“父债子还，天经地义。”这句话在我国有根深蒂固的文化渊源和法律依据，基于朴素的价值观，大部分人也许会认同。随着时代的发展，“父债子还”不应仅停留在字面含义。首先，从法律上来说，“子”应该理解为“所有财产继承人”；其次，《民法典》并没有规定父债子还，父债若超出了一定的范围，“子”未必要还。

Part 5 试一试

如果你的父母与别人牵扯债务问题，你会怎么办？如果一个人已经提前将其财产转移给他人，去世后负债累累，那么此人的继承人是否可以坐享其成不需要承担任何债务呢？

请你从多个角度思考并回答，并收集关于“父债子偿”的法律案件，进一步了解法院是如何进行审理和判决的。

（执笔人：严　薇）

第七单元　侵权责任编

侵权责任是民事主体侵害他人权益应当承担的法律后果。在《民法典》第七编“侵权责任编”中明确确立自甘风险规则，规定自助行为制度，并将营养费、住院伙食补助费明确列为人身损害赔偿项目等。通过这个单元的学习，你一定会掌握更多的法律知识，解决生活中遇到的各类矛盾和问题，做一名勇敢的法律小卫士！

◆ 七年级二班　郭雨彤

第一节 高空抛物致人损害，谁来担责?

Part 1 看一看

2019 年 5 月 26 日，七旬老太庾某在小区花园内散步，经过某座高楼时，黄某家小孩从 35 楼抛下一瓶矿泉水，水瓶掉落到庾某身旁，致其受惊吓摔倒。庾某送医院后被认定为十级伤残。之后，法院当庭判决黄某赔偿医疗费、护理费、交通费、住院伙食补助费、残疾赔偿金、鉴定费合计 82,512.29 元，精神损害抚慰金 10,000 元。

◆ 七年级一班 李星瑶

2020 年 8 月 17 日，在北京市朝阳区某小区，25 岁的李某因发泄情绪，从位于 16 楼的家中向窗外扔杂物，造成一名过路群众被碎片划伤。随后，李某因涉嫌以危险方法危害公共安全被朝阳公安分局依法刑事拘留。

Part 2 想一想

面对故意高空抛物致人受伤的事件，我们应如何维护自己的权益呢？

小陈同学认为：我觉得我们应该要求肇事者进行赔偿。

小张同学认为：我觉得高空抛物性质恶劣，我们应该根据法律维护自己的权益。

你认为谁的说法正确呢？

Part 3 亮一亮

《中华人民共和国民法典》

第 1254 条　禁止从建筑物中抛掷物品。从建筑物中抛掷物品或者从建筑物上坠落的物品造成他人损害的，由侵权人依法承担侵权责任；经调查难以确定具体侵权人的，除能够证明自己不是侵权人的外，由可能加害的建筑物使用人给予补偿。可能加害的建筑物使用人补偿后，有权向侵权人追偿。

物业服务企业等建筑物管理人应当采取必要的安全保障措施防止前款规定情形的发生；未采取必要的安全保障措施的，应当依法承担未履行安全保障义务的侵权责任。

发生本条第一款规定的情形的，公安等机关应当依法及时调查，查清责任人。

Part 4 讲一讲

一、无法确认肇事者的高空抛物案件，应该怎么判？

事实上，在现实生活中很多高空抛物的案件面临找不到肇事者的困境。那么，法律会如何判决这类案件呢？让我们一起来学习两则真实的法律案例。

1. 案例一

2019 年 12 月 2 日中午，长沙的蒋女士突然接到电话，称她停放在铭诚国际大厦地面停车坪的车后挡风玻璃被砸坏了。当蒋女士急匆匆赶到现场时发现，“肇事”的是一瓶粉红色的护肤品。随后，物业公司派人上楼挨家挨户进行询问，但无法确认肇事者。

2020 年 8 月 12 日，在浙江杭州，一个从天而降的杯子掉落到出生仅百天的婴儿身上。由于小区没有安装高空摄像头，民警、物业排查了 200 户住户，仍旧无法确认肇事者。

律师认为，《民法典》在规定侵权人直接责任的基础上，增加了可能加害人的补偿责任。该条采用过错推定责任，即被告不能证明自己没有过错或者被告不能证明自己不是侵权人的，均应承担民事责任。法院审理该类案件时，会通过监控视频等证据尽量限缩“可能加害的建筑物使用人”的范围，并积极引导和鼓励受害人积极查找直接侵权人。

一般而言，可能成为加害人的当事人可以提供如下事项主张免责：一是发生损害时，自己并不在建筑物中；二是证明自己根本没有占有造成损害之物；三是证明自己所处的位置客观上不具有造成抛掷物致人损害的可能性。

2. 案例二

2020 年 1 月，鲜先生以 24.5 万元的价格购买了一辆本田汽车。在车辆使用过程中，鲜先生始终按照小区的规划，将车辆停放在小区内指定的停车区域内。

2021 年 7 月 22 日 8 时许，鲜先生停放在指定停车区域内的车被从高空抛掷下来的酒瓶砸了。鲜先生前往查看后报了警。由于事发区域未安装监控，无法确定抛掷酒瓶的具体住户，鲜先生随后找到物业进行协商。

由于双方始终无法达成一致，鲜先生以物业公司未尽到管理职责为由，将小区物业公司告上法庭，要求其赔偿修车费、过路费、油费等费用合计人民币 5774 元。

律师认为，《民法典》第1254条第2款明确规定："物业服务企业等建筑物管理人应当采取必要的安全保障措施防止前款规定情形的发生；未采取必要的安全保障措施的，应当依法承担未履行安全保障义务的侵权责任。"

二、建筑物发生脱落、坠落造成他人损害时，应由谁担责？

除故意为之的高空抛物外，遇到建筑物脱落、坠落而造成的"飞来横祸"应该由谁承担责任呢？让我们再来学习两则真实的法律案例。

1. 案例一

2019年8月13日17时许，彭某途经某地区电视塔路三段一个餐饮店门口时，被高空落下的铁皮砸伤，根据巡警拍摄的照片，坠落物是上述小区2幢1单元楼顶的部分构筑物。伤者随后送医院治疗，花费医疗费8114.54元。之后彭某将物业公司告上法庭，法院一审判决物业公司赔偿彭某医疗费、护理费、误工费等共计10,052.46元。

针对法院的判决，物业公司表示很委屈。但是法官表示，《侵权责任法》第85条规定，建筑物、构筑物或者其他设施及其搁置物、悬挂物发生脱落、坠落造成他人损害，所有人、管理人或者使用人不能证明自己没有过错的，应当承担侵权责任。所有人、管理人或者使用人赔偿后，有其他责任人的，有权向其他责任人追偿。依照法律规定，无论是城市商品房，还是农村自建房屋，所有人、使用人均应当预见房屋顶层坠物可能对楼下人员及物资造成的风险，从而规范管理、合理使用，避免风险可能造成的危害后果。

2. 案例二

高某的住房系购买黄某建于某市场四层楼房中的第四层顶楼，因年久漏水，高某便在原有机瓦隔热层之上用铁皮另行加盖隔热层。黄某在一楼有多间门面，其在门面房屋外用钢结构及铁皮出檐搭建铁棚，扩大使用面积用以出租。潘某租赁高某房屋正下面的一间门面经营水果销售生意。2018 年年初，枣阳城区普降大雪，高某的房顶及门面铁棚均堆积较厚的积雪。2018 年 1 月 8 日下午 3 时许，因天气晴朗，气温升高，高某的房顶积雪融化滑落至潘某租赁的门面，门面棚倒塌砸伤了在内经营的潘某，经鉴定潘某伤情构成十级伤残。

律师认为，本案中，高某自行加盖屋顶铁皮时，应当保证使用期间的安全性，避免由此带来的人身和财产损害。但高某不仅未预见自建铁皮屋顶存在的安全隐患，也未采取任何措施以避免事故的发生，故高某应对其过错承担相应的赔偿责任。黄某在搭建门面棚的过程中应当预先考虑到钢构棚承受坠落物的承重能力，并防范因门面棚不牢固所造成的各种风险。由于黄某搭建的铁棚不够牢固，也未采取有效防范措施，应承担相应的赔偿责任。

三、高空抛（坠）物危害大，预防是关键

让我们通过一张示意图来了解高空抛（坠）物的巨大危害。

高空抛物的杀伤力有多大?①

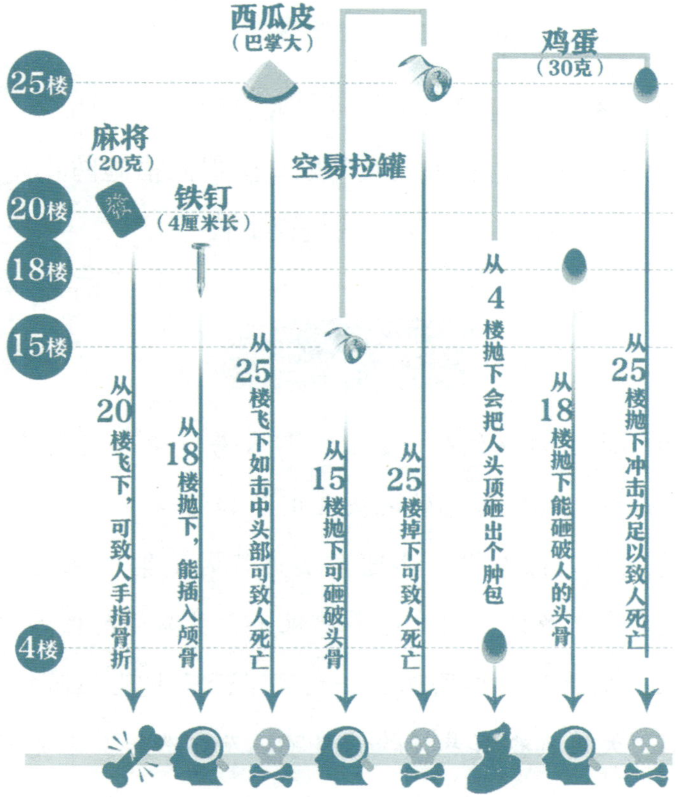

《民法典》第 1254 条规定了高空抛物、坠物致害责任。

1. 高空抛物、坠物由行为人按照过错责任原则承担侵权责任，此时公安机关应当依法及时调查，查清责任人。

---

① 图片源于澎湃新闻。

2. 难以明确侵权人的，由可能的加害人（建筑物使用人）予以补偿，能够证明自己不是侵权人的除外。此时的责任承担按照公平分担损失的规则，依据法律的特殊规定承担补偿责任。

3. 可能的加害人补偿后有权向实际侵权人追偿。

4. 物业服务企业等建筑物管理人应采取安全保障措施防止高空抛物、坠物，未采取必要措施的，应承担未履行义务的侵权责任。

【小 贴 士】

1. 观察警示标志。为避免人员伤亡，不少易发生高空坠物的危险地带都放了警示标志，行经有此类标志的地段应该多加注意。

2. 对高层建筑物保持警惕。路过高层建筑时，集中注意力，快速通过。高空坠物的轨迹多是抛物线，因此贴着墙根走，被砸到的概率相对较低。

3. 刮风下雨天更要注意周围环境。刮风下雨天是坠物高发的时段，此时应避开墙面老化的大楼、摆有悬挂物的楼宇以及广告牌，以免发生意外。

在日常生活中，我们还应该加强对预防高空抛（坠）物的宣传，提高安全意识和法律意识，并呼吁在高空坠物频发的地段安装监控摄像装置，作为问责的凭证。

希望每一位同学都能够争做一名知法、懂法、守法的合格小公民，从身边的小事做起，避免因为疏忽大意而造成对他人的意外伤害；同时也要增强自我保护和防范意识，运用法律武器，守护自己的生命安全和健康。

Part 5 试一试

为了更好地在校园内宣传禁止高空抛物的行为，请同学们进行一次“严禁高空抛物”的小报制作，并将完成的小报交给老师，我们一起齐心协力，为严禁高空抛物、保护他人安全贡献自己的一份力量。

（执笔人：卞莉莉）

第二节　被邻居弃养的狗咬伤了，谁来赔偿？

Part 1　看一看

小明在小区散步，一只流浪狗突然蹿出，在小明的左小腿上猛咬了一口。小明立即前往医院注射狂犬疫苗，经半个月治疗，共花去医疗费 18,000 元。经多方打探，小明得知此流浪狗是隔壁小区刘某所遗弃。小明找刘某索赔被拒绝，无奈之下，小明诉至法院，要求刘某赔偿医疗费。刘某在庭审中辩称，他早已将黄狗遗弃，不再是饲养人或管理人，因此对狗没有饲养或管理的义务，不必承担赔偿责任。

◆ 七年级一班　吴观钰

◆ 七年级一班　吴观钰

Part 2 想一想

小明找到狗主人索赔，但刘某以弃养为由拒绝。小明心中郁闷只有找朋友诉苦。

好友小陈力挺：养狗要有主人你应当找主人算账去。

好友小张则说：这人都不养了，无主野狗，你也只能自认倒霉。他都不养了，我看你赔不到钱，还是多一事不如少一事。

你认为谁的说法正确呢？

Part 3 亮一亮

《中华人民共和国民法典》

第 1245 条　饲养的动物造成他人损害的，动物饲养人或者管理人应当承担侵权责任；但是，能够证明损害是因被侵权人故意或者重大过失造成的，可以不承担或者减轻责任。

第 1246 条　违反管理规定，未对动物采取安全措施造成他人损害的，动物饲养人或者管理人应当承担侵权责任；但是，能够证明损害是被侵权人故意造成的，可以减轻责任。

第 1249 条 遗弃、逃逸的动物在遗弃、逃逸期间造成他人损害的，由动物原饲养人或者管理人承担侵权责任。

第 1250 条 因第三人的过错致使动物造成他人损害的，被侵权人可以向动物饲养人或者管理人请求赔偿，也可以向第三人请求赔偿。动物饲养人或者管理人赔偿后，有权向第三人追偿。

Part 4 讲一讲

一、合法养狗，依法索赔

随着越来越多的家庭饲养宠物，各类与宠物相关的案件也层出不穷。让我们首先来学习两则真实的法律案例。

1. 案例一

2021 年 1 月 10 日，村民汪某驾驶四轮电动车由西向东行驶至郑某门口时，撞到了郑某的宠物狗，受到惊吓的宠物狗逃走后不见了踪影。狗主人郑某把狗当“儿子”，现在“儿子”丢了心疼不已。郑某报警后，派出所处理未果，于是郑某一纸诉状将汪某起诉至法庭，要求汪某赔偿损失费 1500 元。

“郑某，你的宠物走失，按说属于受害方，但是根据《民法典》，饲养动物应当遵守法律法规，尊重社会公德，不得妨碍他人生活。宠物都需要办证、拴

◆ 七年级一班　吴观钰

狗绳，你没有做到，也是要担责的。”法官指明了双方各自存在的问题，使该案得以调解解决，汪某赔偿郑某700元，并当庭履行。

2. 案例二

2020年8月19日，广东一段视频在社交媒体传播，引发热议。视频中白发老人麦某在路边遛弯，忽然一只狂奔的大狗飞驰而过，老人被系狗的绳子绊倒，头部着地重重倒下。经调查，村民罗某（女，12岁）把另一村民赵某拴养在家门口的狗牵出来玩，狗挣脱约束，狗绳意外将村民麦某（女，88岁）绊倒，导致麦某受伤，送医救治无效死亡。

狗主人称他人行为与他无关，所以不用承担后续赔偿责任。但是《民法典》第1250条规定，因第三人的过错致使动物造成他人损害的，被侵权人可以向动物饲养人或者管理人请求赔偿，也可以向第三人请求赔偿。动物饲养人或者管理人赔偿后，有权向第三人追偿。虽然该案件非养狗人所为，但他要先承担赔偿责任，后索赔。

二、逗狗咬人，谁来担责？

平日温顺可爱的宠物，有时候表现出的“兽性”往往会造成难以预料的伤害。让我们再学习两则真实的法律案例。

1. 案例一

2019 年 11 月 6 日下午，12 岁的小乐在放学回家的路上拿小石头砸张女士的猛犬高加索牧羊犬来取乐。被惹怒后牧羊犬挣脱枷锁，冲了出去，把小乐的手臂咬伤了。小乐便将张女士诉至法院，要求张女士赔偿共计 3 万元。

《民法典》第 1245 条规定，饲养的动物造成他人损害的，动物饲养人或者管理人应当承担侵权责任；但是，能够证明损害是因被侵权人故意或者重大过失造成的，可以不承担或者减轻责任。

在本案中，小乐挑逗动物，对损害的发生具有故意或者重大过失。但同时《民法典》也有明确规定，禁止饲养的烈性犬等危险动物造成他人损害的，动物饲养人或者管理人应当承担侵权责任。所以，饲养烈性犬等危险动物不能减轻或者免除饲养人或者管理人的责任。因此，逗狗会给自己带来巨大安全隐患；同时养狗更要合法，禁养大型烈性犬。

2. 案例二

刘某是部队饲养员，退役后带回一只退役警犬。李某翻墙进入刘某的住宅，被刘某饲养的烈性犬突然窜出咬伤。事发后，李某被送往医院救治，花费医疗费 5000 元。李某出院后要求刘某赔偿其各项损失，刘某以狗看家护院，且附近墙上写有“小心有狗”的警示字样为由，拒绝赔偿李某。

面对这个案件，有两种主要意见：一种意见认为刘某无须对李某的损失进行赔偿，因为李某在本案中存在重大过错；另一种意见认为刘某作为动物饲养人，虽然采取了部分防范措施，但无法减轻其侵权责任。

其实，针对饲养动物的损害责任，《民法典》适用无过错责任原则，也就是说，饲养的动物给他人造成损害，饲养人无论有没有过错都要承担赔偿责任，除非被侵权人恶意挑衅饲养的狗导致被咬伤，此种情况下狗的饲养人或管理人减责。弃养、不牵绳、在城市饲养大型犬、无证饲养等都属于违反《民法典》的行为，都必须承担法律后果。

三、爱狗不弃养，合法养狗

严格意义上来说，狗咬人是一种本能，即使野性退化，也保留了一定的攻击性。在现实中，看家的狗咬陌生人、遗弃的狗咬人类，这些动物的发泄本能行为都无法避免。

《民法典》强调了养狗的责任取向，这些规定将在很大程度上发挥规范作用，以文明的方式养狗，它们将进一步敦促狗主人注意自己的责任。只要你的宠物狗没有牵绳子，没有打疫苗，没有采取安全措施，你都必须承担责任。因此，饲养宠物必须遵守规则，文明饲养。

【小　贴　士】

《上海市养犬管理条例》中对养犬人的行为规范作出更为翔实的规定，特别是明确规定了养犬人不得遗弃饲养的犬只。该条例进一步规定，若养犬人违反相应规定，出现遗弃犬只行为，将由公安部门对其处以500元以上2000元以下罚款，同时吊销养犬登记证。

Part 5 试一试

下面这幅图提示我们，要远离图中所示几类状态的狗。

没有主人的狗狗

正在睡觉的狗狗

正在吃东西或者玩玩具的狗狗

和小狗在一起的狗妈妈

关在笼子里的狗狗

请与老师、同学们讨论，或者自己查阅资料，了解并分享要远离这样的狗的具体原因。

（执笔人：周　斌）

第三节 搭乘顺风车出事了怎么办?

Part 1 看一看

◆ 七年级三班 孙艺铭

◆ 八年级一班 周佳鉴

老王一直是小区的热心人，经常用自己的私家车顺路搭送小区的居民。邻居小李有一次上班时间紧张，搭乘了老王的顺风车，结果在路上发生了意外，导致小李左腿骨折，两个月内不能正常上班。小李的家里顿时“炸开了锅”，要求老王赔偿全部医药费和误工费。小李自己却有一点不好意思，老王其实也是属于热心帮忙，并没有收取任何费用，这次的车祸也并不是他造成的，这样索赔感觉有点不好意思。在这种情况下应该怎么办呢?

Part 2 想一想

随着百姓物质生活水平的提高，私家车已经越来越普及，而搭载顺风车的现象也并不少见，搭顺风车导致的纠纷近年来有上升的趋势。上述案例中，老王和小李的家属都坚持自己的观点，那么老王到底应不应该赔偿呢？下列观点，你最认同哪一个？

观点一：小李的确是在老王的车上出了事，虽然老王是好意，但是事故就是事故，该赔偿的还是要赔偿。

观点二：老王并没有收取费用，所以并不构成服务关系，这个情况属于意外，小李只能自认倒霉。

观点三：老王是好心，这纯属一起意外事件，虽然老王并不是事故的主要责任人，但是出于人道主义，还是应该予以一定的赔偿。

Part 3 亮一亮

《中华人民共和国民法典》

第 1217 条 非营运机动车发生交通事故造成无偿搭乘人损害，属于该机动车一方责任的，应当减轻其赔偿责任，但是机动车使用人有故意或者重大过失的除外。

Part 4 讲一讲

一、好心帮助别人搭乘顺风车出事，要不要赔偿？

“道路千万条，安全第一条”是我们熟悉的电影台词，这句台词提醒我们要时刻注意交通安全。车主们不仅不希望自己遇到交通事故，更不希望在助人为乐、搭载别人的时候发生意外。让我们一起来学习两则真实的法律案例。

1. 案例一

林某驾驶自己的车到外地办事，回来的路上，其好友丁某要求搭乘林某的车回诸城，途中和大型货车相撞，造成重大交通事故，造成丁某受伤。经过交通部门鉴定，此次事故主要责任在于大型货车司机，林某并无重大过失。

根据《民法典》的相关规定，驾驶人送同乘人到某目的地，如出现交通事故，且驾驶人无过错的情形下，此时，乘车人属于车辆使用人，若受到伤害应向肇事一方索赔，好意方不应承担民事责任。

2. 案例二

刘先生骑摩托车回家的路上，经过公交站时，遇到在公交站等车回家的肖先生，因为二人是朋友，便主动提出载他一程。行驶途中为赶超一辆轿车，刘先生不慎将摩托车骑翻，两人同时摔向路边。肖先生在随后近两个月的治疗时间里，因治疗手伤共花费了5000多元医疗费。肖先生找刘先生索要医疗费，协商无果，无奈之下，肖先生一纸诉状将刘先生告上了法庭。

根据相关法律规定，“好意同乘”时发生交通事故，造成搭车人损害的，应当减轻驾驶人的赔偿责任，但驾驶人有重大过错的除外。搭车人有过错的，应相应减轻驾驶人的赔偿责任。

二、顺风车到底能不能坐？

顺风车是一种符合绿色出行、低碳环保的出行方式。而好意帮乘的司机也是发扬中华民族的传统美德，应该被赞扬。但是当发生意外的时候，总会让这件好事变得不完美。如果我们的乘客和司机都能就某些细节作出改善，相信还是可以坐顺风车的。

2020年6月28日上午，被告一黄某驾驶一辆七人座的商务车载着徐某（71岁）、汤某、沈某等六名好友，去启东某农家乐聚餐游玩。在启东市沿江公路农家乐门口一处没有信号灯控制的十字路口，黄某与开另一辆车的被告二杨某发生交通事故。事故后果很严重，汤某及其他三人受伤，而沈某、徐某未能幸免于难，于当日死亡。死者之一徐某就是原告徐先生的父亲。

被告黄某驾驶非营运机动车，基于善意互助，无偿搭乘徐某等人共同出游，系好意同乘行为。黄某未按照操作规范安全驾驶车辆，在未让直行车辆先行的情况下，发生两车相撞的交通事故，其主观上具有过错，应依法承担侵权责任。但黄某具备驾驶资格，驾驶的车辆年检合格，无酒驾等不得驾驶车辆的情况，且无严重超载、超速及不按交通信号灯通行等违章情形，主观上已尽到普通驾驶员通常应尽的注意义务，主观上不存在侵权的故意或者重大过失，依法可减轻其赔偿责任。所以崇明区人民法院综合黄某的过错程度、赔偿总金额，按照社会良俗及公平观念，酌情减轻黄某5万元的赔偿责任。

三、签订免责协议，明确责任和义务

司机开车时应遵守交通规则，具有尽到保护车内乘客人身安全的合理注意义务，因此，司机应根据过错程度承担部分赔偿责任。在司法实践中，对无偿搭车司机的赔偿责任，应根据公序良俗原则，酌情减轻赔偿数额。

搭顺风车大多数发生在熟人之间，这会让车主和搭乘人都降低交通安全意识和责任意识，所以更应提高对无偿搭乘事故责任的认知，比如，可以签订一份双方认可的免责协议以避免不必要的纠纷。

搭车人与车主签订的书面协议既可以是书面形式，也可以是口头形式或其他形式。当搭车人提出让车主载他一程，从车主同意载他的那一刻起，即达成口头运输合同关系，无论搭车人是否付费，车主都有义务将乘车人安全送达目的地。无偿搭车人也应当合理地预见搭车有可能存在的潜在风险。因此，搭车时应当尽可能提高自己的风险意识。

交通安全关乎生命，每个人都应该严格遵守交通规则，尽可能降低交通事故的发生率。此外，交通事故责任的认定也是十分复杂的。所以针对相关法律，我们要熟悉和了解，知晓不同的情况有不同的处理方式，很多情况都不是我们想当然认为的那样。首先，我们要对车辆的性质有所了解，例如，车辆是否营运车辆？驾驶员是否车主？车辆的保险情况如何等。其次，对搭乘顺风车可能带来的风险也要了解。最后，作为驾驶员，更要了解相关的法律法规。

Part 5 试一试

请同学们开展一次“你了解顺风车吗”的小调查，收集大家对搭乘顺风车的看法以及相关责任认定的了解情况。

通过收集和整理数据，详细分析后形成一份调查小组的研究报告，并将结果主动反馈给老师，帮助老师更好地了解同学们的真实想法。

（执笔人：杨佳琦）

第四节　孩子在学校打球受伤了，谁担责？

Part 1　看一看

2018 年 6 月 1 日午饭后，同为住校生的某中学初中生小郭和小陈相约在学校篮球场上打篮球。在一次争抢球的过程中，两人发生碰撞，小郭摔倒在地，随后被送到医院。没想到，这一摔后果很严重。小郭被诊断为右股骨颈骨折，右股骨颈损伤后，遗留右髋关节活动能力丧失达 25% 以上，评定为十级伤残。小郭的父母无法接受这样的结果。小郭是因小陈碰撞而受伤的，其监护人应承担赔偿责任。而且，小郭受伤发生在上学期间，学校存在过错，也应当承担赔偿责任。因赔偿事宜一直协商无果，小郭将小陈和学校告上法庭，要求赔偿各项经济损失 10 万元。

◆ 七年级二班　郭雨彤

Part 2 想一想

小陈和小郭平时关系不错，也是第一次遇到这样的情况，不知道该怎么办，于是向身边的同学求助。

小李同学认为：就你和他在打球，他受伤了肯定是你的责任。

小刚同学则认为：在整个过程中，你并没有多余的肢体动作，所以无须承担责任。

你认为谁的说法正确呢？

Part 3 亮一亮

《中华人民共和国民法典》

第 1176 条第 1 款 自愿参加具有一定风险的文体活动，因其他参加者的行为受到损害的，受害人不得请求其他参加者承担侵权责任；但是，其他参加者对损害的发生有故意或者重大过失的除外。

Part 4 讲一讲

一、打球受伤后，怎么认定过错方？

2019 年 10 月，上海某高校的一场校园足球赛中，甲同学防守时与乙同学发生碰撞，导致乙同学倒地受伤。事故发生后，乙同学被立即送往医院，经诊断为左肩外伤。乙同学出院后，心疼自己支付的高额医药费，而甲同学始终未把医药费赔给自己。此后，两人在协商调解中没有达成一致，乙同学将甲同学诉至法院，请求甲同学赔偿医药费 54,000 余元。

法院认为，乙同学系在进攻过程中因甲同学防守致双方发生碰撞而受伤。证据显示，甲同学的防守行为属犯规行为，故应当承担侵权责任。由于足球运动系高对抗性、高风险的体育竞技运动，当事人自愿参加对抗较为激烈的体育运动应当视为自甘风险。乙同学作为完全民事行为能力人，其明知足球运动可能存在受伤的风险，仍参加运动，应当对风险本身可能带来的伤害结果承担一定的责任。据此，一审法院判决甲同学对乙同学的损伤承担 50% 的赔偿责任，计 27,000 余元。

《民法典》提出的自甘风险原则，就是希望我们要理性对待意外受伤的发生，不要总向别人“甩锅”。不过，如果是恶意犯规等故意行为，或者有重大过失的行为，伤人一方还是要承担相应责任的。根据《民法典》关于自甘风险原

◆ 六年级二班 李淑增

◆ 六年级四班 周 润

则的规定，适用的条件主要有以下几个方面。

1. 行为本身具有风险性。从事的活动具有相关风险，且该风险自始客观存在，其中风险性指行为过程中有可能产生的但并非一定产生的损害后果。

2. 主体上的适格性。行为人必须具有相应的民事行为能力，按照一般正常智力水平可以预见危险的存在，并可作出理性的分析和有效的选择。

3. 主观上的明知性和自愿性。行为人应明知参与此活动存在一定的风险，仍自愿参加。自愿方式应包括口头明确同意或签订条约、合同等书面明示方式，也包括当事人以自愿参加活动的行为而表示的默示方式。

4. 行为具有合法性和利益性。行为人作出的行为不是为了履行道德或法律义务而承担风险，而是为了获得某种利益而选择进入危险中，比如，为了荣誉、获得满足感、挑战自我等，但不可违反公序良俗，必须符合社会善良风俗、日常习惯和行业规则。

二、面对意外，既要公正裁决，也要有温度

明明是某市某职业学校的学生，某天下午的课外活动时间，明明在篮球场打篮球，在接高球时不小心跌倒了，后脑勺着地。同学把他扶起来，未见有明显外伤，休息一会儿又接着打到下课。放学到家后明明感到头晕，便叫姐姐给他吃一点药，又怕父母知道后说他，特别嘱咐姐姐不要告诉其父母。第二天，他仍到校上课，也没和同学说起头晕的事。下午有体育课，他又和同学一起打篮球，打着打着，晕得更厉害了。此时老师才知道明明前一天摔倒的事，即将他送至脑科医院检查，发现明明脑中积血很多，一边抢救，一边通知家长。但最后经抢救无效死亡。

面对这样一起意外事件，大家都感到非常意外和可惜。那么究竟谁应当承担责任呢？明明本人？他的同学？他所在的学校？还是他的家人？

法院认为，本案的责任应当由明明的监护人承担。本案是一起学校意外事故，其中就包括学生本人或学生之间偶发的意外行为所致的学生受到人身伤亡的事故。而本案正是属于上述情形的学校意外事故。明明最终死亡的原因有两个：一是在前一日打球突然跳起意外跌倒造成脑部受伤，这是明明死亡的最根本原因；二是在次日的体育课上，明明没有告知老师其特殊情况——因前一日的跌伤而头晕——而继续参加课堂活动，最终脑部积血而死亡，这是明明死亡的促进因素。可见，前一日明明跌伤纯粹是其不可预料的个人偶发行为所致；而次日的体育课上，体育老师的教学行为并无不当，故本案应属于学校意外事故。因此，本案中明明因意外而死亡的后果应由其监护人自行承担。

判决结果很简单，但是明明家人的丧子之痛非常人能体会。那么，应该如何减轻对明明一家的伤害呢？

为了实现“案结事了人和”，在维护双方公平公正的基础上，承办法官积极做打球学生和校方的思想工作，希望能够从人道主义角度出发，帮助这个家庭渡过难关。同时，也向明明一家释法说理，阐明自甘风险对应的法律后果，降低其心理预期。学校为明明组织了师生捐款，募得4.8万余元；法院向慈善总会申请慈善救助金1万元，并积极引导明明一家申请司法救助4万元；与此同时，明明一家的代理律师捐款2000元，承办法官也捐款2500元。看到法官为自己如此奔波，也了解到判决对自己的利弊后，明明一家最终撤回了起诉。

三、提高安全警惕，增强危险意识

现实中，伤害事故频频发生，所以预防校园伤害事故非常重要。上海市教委曾开展调研，以整群随机抽样的方式抽取10岁以上的学生3250名，分别发放家长问卷和教师问卷1700份和340份，调查了解学生体育运动伤害发生率、体育运动伤害事故的处理现状。统计结果显示：2018年小学及初中学生发生伤害人数共为398人，年人次发生率为13.9%，发生伤害大于或等于两次者占伤害总人数的13.8%，可见校园运动伤害发生率确实比较大。

◆ 六年级二班　季淑增
◆ 六年级四班　周　润

研究表明，课间是事故频繁发生的时段，应该引起学校、家长和学生的重视和警惕，总结众多案例发现，课间事故具有一些普遍的特点：课间休息安排在两节课之间，这时学生刚上完课，十分疲劳，想放松，所以打闹玩耍得特别厉害。同时，课间休息地点多在走廊，场地狭窄，人群密集，容易发生事故。因此，当开展体育锻炼时，学校和老师应提醒学生提高警惕，增强危险意识，同学们也要提升和掌握一定自护、自救的意识和技能，使意外事件减少，甚至不再发生。

《民法典》明确了自甘风险原则，减轻或免除了其他参与者的赔偿责任，让“冒险者”对自己的行为负责，让守法者不为他人过错行为埋单，起到司法裁判对社会行为应有的引导、预测和规范作用，更有利于文体活动的开展。

Part 5 试一试

请同学们开展一次“初中生伤害事故案例”小调查，进一步了解法院在各式各样的案件中如何裁判。为什么有时候需要赔偿？和上述案例区别在哪里？作为中学生我们在日常锻炼的过程中要注意什么？

通过收集和整理数据，详细分析后形成一份调查小组的研究报告，并将结果主动反馈给老师，帮助老师更好地了解同学们的真实想法。

（执笔人：顾润林）

第五节 破坏生态环境应承担什么责任?

Part 1 看一看

小丽是一名初中生，今年暑假和父母一起回到故乡看望爷爷奶奶。故乡是一个秀美的村庄，山清水秀。一次偶然的晨跑，她发现村采石厂的工人们在开山采石。这一开采行为造成大量的林地毁坏，令她痛心。她和爷爷闲聊得知，采石厂的这一开采行为未取得林业部门许可。小丽想向有关部门举报这一行为，母亲却阻拦她：“村里人都指望着采石赚钱，不要断了乡亲们的财路。”

◆ 六年级一班 李晓棠

Part 2 想一想

小丽觉得村采石厂的做法明显不对，但妈妈讲得似乎也有道理，于是微信向好朋友倾诉苦恼。

好友 A 表示：你难得回一次故乡，开心玩，多品尝家乡美食，这些事与你无关；

好友 B 表示：你应该说服你的父母，一起参与进来，制止这种行为。不能为了经济利益，毁掉绿水青山。

你认为小丽该听谁的呢？

Part 3 亮一亮

《中华人民共和国民法典》

第 1229 条　因污染环境、破坏生态造成他人损害的，侵权人应当承担侵权责任。

第 1234 条　违反国家规定造成生态环境损害，生态环境能够修复的，国家规定的机关或者法律规定的组织有权请求侵权人在合理期限内承担修复责任。

侵权人在期限内未修复的，国家规定的机关或者法律规定的组织可以自行或者委托他人进行修复，所需费用由侵权人负担。

Part 4 讲一讲

一、毁坏生态环境，受罚后要承担修复责任吗？

《民法典》规定因污染环境、破坏生态造成他人损害的，侵权人应当承担侵权责任，这种责任是无过错责任，即无论侵权人是否有主观过错，只要其实施了污染环境、破坏生态的行为，并造成了损失，就应当承担侵权损害赔偿责任。让我们一起学习两则真实的法律案例。

1. 案例一

2021 年 2 月 21 日，浦东国际旅游度假区公安处接到火灾报警，民警和消防部门迅速到场，大火很快被扑灭，但有差不多 1/3 的足球场面积的草坪化为灰烬。经查，报警人刘先生就是肇事者。那么刘先生为什么要点火呢？原来，当天刘先生带着 10 岁儿子来到光明生态园。为上小学的儿子演示凸透镜聚焦阳光可以取火的科学实验，他的实验成功了。火苗转眼成为大火迅速向外扩散，场面一发不可收拾。闯下如此大祸，刘先生赶紧拨打火警电话，说自己是游客，游玩时发现火灾。

面对民警，刘先生主动承认是自己的过失引发了火灾，并表示愿意赔偿火灾导致的经济损失。教孩子做实验没错，但是在干燥的草坪上做实验缺乏起码的安全知识，没有考虑到火势蔓延的后果，虽然是无意识的，但是已经造成了巨大的环境破坏和损失，应当承担侵权损害赔偿责任。

2. 案例二

仲某于江苏省沭阳县七处地点盗伐林木 444 棵，立木蓄积 122 余立方米。沭阳县人民法院以盗伐林木罪判处仲某有期徒刑 7 年 6 个月，并处罚金 3 万元，追缴违法所得 2.4 万元。

2017 年 9 月 29 日，江苏省宿迁市宿城区人民检察院向沭阳县农业委员会发送检察建议，仲某应对受侵害林业生态进行修复。沭阳县农业委员会于 2017 年 10 月 16 日、12 月 15 日两次电话反映仲某没有对受侵害林业生态进行修复。江苏省宿迁市宿城区人民法院一审判决应依法对仲某作出责令补种盗伐 444 棵杨树 10 倍树木的行政处理决定。

◆ 六年级一班 李晓棠

这起案件明确了当事人因同一污染环境、破坏生态行为需承担刑事责任与行政责任时，行政机关不能以行为人已经受到刑事处罚为由，怠于对违法行为人追究行政责任，致使国家利益和社会公共利益受损害状态持续存在。

二、加强生态环境监测部门的监督管理职能

保护生态环境，不仅要靠公民自己，更要依靠生态环境监测部门履行自己的监督和管理职能，上下一心方能共护“绿水青山”。让我们再学习两则真实的法律案例。

1. 案例一

秦皇岛方圆公司因未取得排污许可证，玻璃窑炉超标排放二氧化硫、氮氧化物等大气污染物并拒不改正等行为，被河北省秦皇岛市海港区环境保护局分 4 次罚款共计 1289 万元。原环保部环境规划院环境风险与损害鉴定评估研究中心接受一审法院委托，按照“虚拟治理成本法”，将方圆公司自行政处罚认定损害发生之日至环保达标之日造成的环境损害数额评估为 154. 96 万元。

之所以这样判决，是因为《民法典》从生态环境在污染期间受到的直接损失和因此而产生的调查、评估、修复等环节存在的间接损失等五个方面具体规定了生态环境损害赔偿损失和费用的范围，规定了生态环境损害修复请求权，有效衔接环境公益诉讼和生态环境损害赔偿诉讼，解决了生态环境损害赔偿诉讼无法律依据的问题。

2. 案例二

2019 年 3 月，接群众举报，重庆市环境行政执法总队会同市生态环境局有关处室、南岸区环境行政执法支队、市公安局环境安全保卫总队等部门联合对 A 公司开展调查。根据监测报告及其原始档案记录、相关采样、接样和分析人员陈述及调取的其租用车辆高速公路记录，发现 A 公司相关监测行为及出具的两

份监测报告存在伪造监测时间、伪造监测数据等情形，构成环境监测数据弄虚作假的违法行为。

环境监测数据作为客观评价环境质量状况、反映污染治理成效、实施环境管理与决策的基本依据，企业及监测单位应当保证其真实性与准确性。本案中，A公司未能对出具检测报告数据的真实性负责，伪造了采样时间等信息，相关责任人员也负有直接责任。生态环境部门和市场监管等部门通过联动，加强对监测行业的规范和引导，将对社会环境监测机构的监督检查纳入日常监管，严厉打击各种虚假、违规检验行为，确保监测活动符合规范，严守数据质量“生命线”。

三、环保小卫士，就是你我他

2020年3月2日，最高人民法院召开新闻发布会，发布十个人民法院生态环境保护典型案例。此次发布的十个典型案例侧重于生态环境保护，涉及解决人民群众反映强烈的大气、水、土壤污染等突出环境问题。加强生态环境治理，推进实施乡村振兴战略与建设美丽乡村，推动企业形成绿色生产方式，实现保障自然资源开发利用与促进资源节约、环境保护、生态修复相协调。

【小　贴　士】

生态环境是指影响人类生存与发展的水资源、土地资源、生物资源以及气候资源数量与质量的总称，是关系社会和经济持续发展的复合生态系统。生态环境问题是指人类为其自身生存和发展，在利用和改造自然的过程中，对自然环境破坏和污染所产生的危害人类生存的各种负反馈效应。

◆ 六年级一班　李晓棠

习近平总书记说："我们既要绿水青山，也要金山银山。宁要绿水青山，不要金山银山，而且绿水青山就是金山银山。"生态文明建设是中国特色社会主义现代化发展追求的目标。把我国建设成为富强、民主、文明、和谐、美丽的社会主义现代化国家，需要大家一起努力。

主流媒体发布生态环境保护典型案例，加大宣传力度，对增强民众环境保护意识起到了积极作用。而我们不仅要从小学好科学文化知识，更要学好法律知识，运用这些知识可以帮助我们早日成为一名真正的环境小卫士。

Part 5 试一试

和你的小伙伴们围绕以下几个内容，开展一次"社区环境小调查"：

（1）绿色环保、节能减排的设施设备或相关的管理方法。

（2）提出一些值得改进的环保小建议。

完成后请与老师、同学和家长们分享，还可以和居委会的叔叔阿姨分享。

（执笔人：谢　江）

第六节　如何应对"医闹"?

Part 1　看一看

2019年6月22日16时许，某医院泌尿外科孟教授在医院门诊正常上班，正在给一位病人看病时，突然孟教授的患者张某拿着刀进来，直接捅在孟教授的脸上、身上、四肢部位。实习医生见状赶忙上前阻拦，右手小指在阻拦过程中被划伤。孟教授倒地后被医院的同事送到急救中心进行救治，随后进行了手术。医院的检查结果为：颈部右侧有约6cm皮肤伤口、左前臂中段肌肉部分断裂、左手食指有3cm伤口、右手胳膊皮肤割裂、右手食指割裂。因为伤口深度较深，造成孟教授手筋断裂，以后很难再给病人进行手术。

◆ 六年级三班　刘楚乔

在审讯过程中，张某承认因为孟教授在治疗药物方面选择了较贵的药物，超出了张某的经济承受能力，并且看病时没有耐心，态度强硬，让张某非常反感，继而越想越气难以控制情绪，做出了冲动的举动。

Part 2 想一想

在现场的病人们看到这一幕非常震惊，大家议论纷纷：

病人甲认为：张某砍伤孟教授的行为非常恶劣，他犯法了。

病人乙认为：孟教授所选择的治疗药物价格较贵，确实会加重病人的经济负担。

病人丙认为：孟教授为病人看病时态度不好，他也有错。

你认为谁的观点正确呢？

Part 3 亮一亮

《中华人民共和国民法典》

第 1219 条 医务人员在诊疗活动中应当向患者说明病情和医疗措施。需要实施手术、特殊检查、特殊治疗的，医务人员应当及时向患者具体说明医疗风险、替代医疗方案等情况，并取得其明确同意；不能或者不宜向患者说明的，应当向患者的近亲属说明，并取得其明确同意。医务人员未尽到前款义务，造成患者损害的，医疗机构应当承担赔偿责任。

第 1228 条第 2 款 干扰医疗秩序、妨碍医务人员工作、生活，侵害医务人员合法权益的，应当依法承担法律责任。

Part 4 讲一讲

一、医生一定能将病人的疾病治愈吗？

2017 年 10 月 28 日，某市第一人民医院发生一起患者打伤医生案件。3 名医生在门诊为病人看病时被一名周姓男子打伤，其中一位皮肤科主任王医生被打致手臂粉碎性骨折。在审讯过程中，周某交代：因为其长期患有皮肤湿疹，发病期间奇痒难耐，严重影响日常生活，在这家医院治疗了 3 个多月，还是没有明显好转，认为医生存在欺骗行为并耽误了他的病情，从而想报复医生。

事实上，医学不是万能的，医生也不是神。医生不能治愈所有的疾病，病人也不能盲目地把疾病所引发的不良后果简单地归咎于医护人员的责任和技术水平。

当前，由于医院就诊人数不断增多，有限的医疗资源无法及时满足患者需求。大部分医生没有足够的时间和精力为患者做好告知和解释工作，加上医患双方信息不对称，患者容易以为院方隐瞒了重要信息，由此产生不信任，为

“医闹”留下隐患。医患冲突一旦发生，伤害的是双方。如果出现医患矛盾，医生和院方应该对病人耐心地解释和沟通，病人也应该理解并遵从医嘱、积极配合治疗，理性看待诊疗结果。

2021 年 5 月，某医院的院长办公室收到了一份感谢信。该院病人张某由于右侧牙根发炎疼痛，半边脸以及颈部都肿胀起来，随即前往该医院口腔科就诊，医生检查后开了一些抗生素药让张某回家服用。一周之后，张某炎症消退，但是脸部仍然肿胀。他再次去该医院挂方教授的专家门诊进行诊治，通过 B 超等检查确诊为口腔恶性病变。方教授顾不上吃午饭就及时安排张某入院准备手术治疗，并不断安慰紧张焦虑的病人。手术之后，张某病情逐渐好转。感谢信中他写道，虽然恶性病变不能完全治愈，但是他非常感谢方教授的高超医术以及为病人着想的高尚医德。

◆ 六年级三班　刘楚乔

二、非法“医闹”，终将害人害己

“医闹”是指借炒作医疗纠纷而获得非法利益的行为。发起医闹者可能为患者、患者亲属、受雇于患方以非法获利为目的的组织或个人。常见的“医闹”方式如下：在医院焚烧纸钱、摆放花圈，设置障碍阻挡患者就医，打砸财物、殴打医务人员、跟踪医务人员，或者在诊室、医师办公室、领导办公室内滞留等。“医闹”行为往往对医疗工作者造成工作影响和伤害。

“医闹”入刑的具体处罚标准：对首要分子处 3 年以上 7 年以下有期徒刑；对其他积极参加人员处 3 年以下有期徒刑、拘役、管制或者剥夺政治权利。

所以，“医闹”终将害人害己，有百害而无一利。2020 年 7 月，40 岁的产妇孙某在某医院待产，因超出了预产期且胎心不稳定，其丈夫徐某在诊室外走廊处拦住当天值班的妇产科唐医生并指责医生救治不当。在唐医生解释的过程中，徐某由于情绪激动，忽然挥拳殴打唐医生，唐医生摔倒时撞到了前来劝架的产妇孙某，导致孙某流产，发生了损人不利己的“悲剧”。

三、理性对待医疗纠纷，避免“医闹”

随着医疗技术的不断发展以及医疗知识普及率的不断提高，医生与病人的医疗纠纷也越来越多。在我国，发生医疗纠纷有三种解决方式。

1. 和解：发生医疗纠纷后，患方和院方可本着平等自愿的原则，在充分协商的基础上达成和解协议，和解协议的效力应予以认定。

2. 调解：已确定为医疗事故的，卫生行政部门应医疗事故争议双方当事人请求，可以进行医疗事故赔偿调解。

◆ 六年级三班　刘楚乔

3. 诉讼：在诉讼之前，当事人可以进行医疗事故鉴定或者医疗过错鉴定，医疗事故由医学会鉴定，医疗过错由司法鉴定中心鉴定。

与此同时，《民法典》侵权责任编在总结实践经验的基础上，针对医疗损害责任纠纷领域出现的新情况进行了必要的补充和完善。如第 1219 条特别规定了医院对患者的说明义务，第 1225 条规定了妥善保管病历及提供查询的义务，第 1226 条规定了对患者的隐私和个人信息保密的义务，第 1227 条规定了禁止给患者“过度检查”的相关内容。这些规定都能有效缓解医患矛盾，保障患者的知情同意权，让患者去医院看病看得放心，买药买得安心。

【小　贴　士】

2017 年 11 月 3 日，国务院通过了原卫计委（现为卫健委）关于“设立中国医师节”的申请，同意自 2018 年起，将每年的 8 月 19 日设立为中国医师节。中国医师节是经国务院同意设立的卫生与健康工作者的节日，体现了党和国家对卫生与健康工作者的关怀和肯定。

（执笔人：施莉媛）

后　记

《写给青少年的民法典学习书》在长达10年的实践和完善后即将问世，我们既激动又感慨。

在此，首先，我要感谢一群朝气蓬勃的“小画家们”。他们热爱绘画、敢于尝试，用自己的彩笔描绘了一幅幅充满童趣的插图作品。这些作品也许有点稚嫩，但很真实珍贵。从内容上看，这既是他们用心用情的描绘，也是他们学习《民法典》的成果；从风格上看，颜色鲜艳的水粉画与这本提供给青少年阅读和学习的书本很契合，插画的嵌入让法治教育更接地气！当然，这一幅幅精品也有力呈现了美术组戴文娟老师和施寅倩老师的精心指导、美育浸润和执着坚守。

其次，我要感谢静安区教育学院的原教研员吴伟国老师，在他孜孜以求的专业扶持和悉心指导下，我们一起学、共同写、一道改，才有了这本书丰富多彩、立体多元的呈现。

当然，我也特别佩服学校德育团队和政史地组的教师们的智慧和努力。编写本书对他们来说是一个很大的挑战，但在编写的过程中，他们始终谦虚好学、精益求精。正是他们不放弃、不气馁的态度，一点一滴的积累过程，一次又一次的修改经历，让这本书更有温度、深度和高度。

有幸我们一起学习、一起撰写、一起实践。这段艰辛的日子见证了我们推进普法教育进校园的努力和坚持，彰显了我们打造学校特色的信心和决心，也见证了我们在法治教育领域的专业成长。愿我们共同的努力化为美好的祝福——让更多的青少年在学习本书的过程中，能够成长为学法、知法、守法的时代新人！

上海市彭浦第四中学党支部书记、校长　施佩

2023 年 1 月 28 日于上海